IHR ABER, LIEBE BRÜDER, SEID ZUR FREIHEIT BERUFEN! ALLEIN SEHT ZU, DASS IHR DURCH DIE FREIHEIT DEM FLEISCH NICHT RAUM GEBT; SONDERN DURCH DIE LIEBE DIENE EINER DEM ANDERN. DENN DAS GANZE GESETZ WIRD IN EINEM WORT ERFÜLLT, IN DEM: LIEBE DEINEN NÄCHSTEN WIE DICH SELBST

SCHÄTZE DER BIBEL

VOLKER KAUDER

VOM WERT DER FREIHEIT

SCM R.Brockhaus

SCM

Stiftung Christliche Medien

Bodenborn 43 · 58452 Witten
Internet: www.scm-brockhaus.de; E-Mail: info@scm-brockhaus.de

Gesamtgestaltung:
Yellow Tree - Agentur für Design und Kommunikation, www.yellowtree.de
Druck und Bindung: Finidr s.r.o.
Gedruckt in Tschechien
ISBN 978-3-417-26487-6
Bestell-Nr. 226.487

INHALT

ZU BEGINN

Freiheit. Es ist ein großes Wort. Ja, der Begriff der Freiheit ist ein Gigant, dessen Deutung uns sehr schnell in tiefe philosophische, theologische und auch staatsrechtliche Wasser führt. Die Definition von Freiheit darf sich nicht im Negativen erschöpfen. Wir sind in erster Linie nicht frei von etwas, sondern wir haben die Freiheit, uns für das zu entscheiden und einzusetzen, was gut, wahr und wichtig ist – immer im Respekt vor der Freiheit des anderen und im Dialog mit den Werten, für die andere sich in Freiheit einsetzen. Die Frage lautet aber auch: Was verbinden wir in unserem Alltag mit dem Begriff, mit dem Wert der Freiheit? Nehmen wir unsere freiheitliche demokratische Grundordnung, unser Leben in Freiheit einfach so als gottgegeben hin, sind uns Sicherheit, Wohlstand und Besitzstandswahrung wichtiger geworden? Uns Deutschen wird gerne nachgesagt, wir seien ein ängstliches Volk. Tritt hinter den verschiedenen Ängsten das Grundthema der Freiheit zurück? Zu was nutzen wir unsere Freiheit?

DIE DEFINITION VON FREIHEIT DARF SICH NICHT IM NEGATIVEN ERSCHÖPFEN. WIR SIND IN ERSTER LINIE NICHT FREI VON ETWAS, SONDERN WIR HABEN DIE FREIHEIT, UNS FÜR DAS ZU ENTSCHEIDEN UND EINZUSETZEN, WAS GUT, WAHR UND WICHTIG IST.

Schauen wir in die Geschichte, so wissen wir, dass um der Freiheit willen Kriege geführt, Revolutionen begonnen und Diktaturen gestürzt wurden. Wir müssen nicht bis zum amerikanischen Unabhängigkeitskrieg oder bis zur Französischen Revolution zurückgehen. Erst 2011 hat der Drang nach Freiheit in der sogenannten Arabellion Machthaber und Autokraten in der arabischen Welt gestürzt – mit allerdings noch vielfach ungewissem Ausgang. Die Freiheit war und ist für viele Menschen ein so starker Impuls, dass sie Verfolgung, Gefängnis und sogar den Tod in Kauf genommen haben, um nicht unfrei sein zu müssen. Schon ein Blick in unsere eigene deutsche Geschichte im verhängnisvollen 20. Jahrhundert zeigt, dass Freiheitskämpfer einen hohen Blutzoll für ihr Streben nach Freiheit gezahlt haben. Ich denke dabei an die Vertreter des deutschen Widerstands, die trotz aller Aussichtslosigkeit ihres Unterfangens Moral und Anstand nicht verloren haben und sich gegen ein verbrecherisches System wandten. Ich denke auch an die Menschen, die sich am 17. Juni 1953 beim Volksaufstand

DIE FREIHEIT WAR UND IST FÜR VIELE MENSCHEN EIN SO STARKER IMPULS, DASS SIE VERFOLGUNG, GEFÄNGNIS UND SOGAR DEN TOD IN KAUF GENOMMEN HABEN, UM NICHT UNFREI SEIN ZU MÜSSEN.

in der DDR mutig gegen die sowjetischen Panzer gestellt haben. Das Wort „Freiheit“ wurde aber auch zynisch missbraucht. Der Schriftzug „Arbeit macht frei“ über dem Eingang des Konzentrationslagers Auschwitz verhöhnt in menschenverachtender Weise die Opfer der furchtbaren Verbrechen der Nationalsozialisten.

Der Freiheitsdrang der Menschen kann Mauern sprengen – weil Unfreiheit dem Wesen des Menschen widerspricht. Spontan fällt mir dabei Psalm 18,30 ein: „Mit meinem Gott kann ich über Mauern springen“, wie der Psalmist so schön bildhaft sagt. Dieser Bibelvers lässt mich an die Bilder vom 9. November 1989 und von den Tagen danach denken, als die Menschen auf der Berliner Mauer standen, sich vor Freude in die Arme fielen und Mauer und Stacheldraht ihren Schrecken verloren hatten. Zuvor hatte die Freiheitsbewegung, die von Polen ausgegangen war, schon erste Risse im kommunistischen Teil Europas sichtbar gemacht. Die friedliche Revolution von 1989 in der damaligen DDR haben wir schließlich vor allem dem Freiheitswillen der Ostdeutschen zu verdanken. Sie haben sich zuerst im Schutz der Kirchen

DER FREIHEITSDRANG DER MENSCHEN KANN MAUERN SPRENGEN – WEIL UNFREIHEIT DEM WESEN DES MENSCHEN WIDERSPRICHT.

versammelt, sind dann mutig auf die Straßen gegangen und haben letztlich das sich auch wirtschaftlich im Niedergang befindende System des real existierenden Sozialismus mit Mauer und Stacheldraht von innen zum Einsturz gebracht. Sie und wir mit ihnen konnten die glückliche Erfahrung machen, dass das Streben nach Freiheit schließlich über Zwang, Gewalt und Ungerechtigkeit gesiegt hat. Diese Freiheitsrevolution ist ein Geschenk der ostdeutschen Bürgerinnen und Bürger an unser Land.

Der Freiheitsgedanke richtet sich aber auch gegen politischen Radikalismus – egal welcher Couleur. Eine Politik, die sich der Freiheit verpflichtet fühlt, begegnet solchen Utopien und Ideologien mit großer Skepsis und Ablehnung. Weil sie in letzter Konsequenz menschenverachtend sind und nur noch der etwas zählt, der einer bestimmten Klasse, einer bestimmten Rasse, einer bestimmten Religion oder einer bestimmten Nation angehört. Auch deshalb haben gerade diejenigen Menschen, die Unfreiheit am eigenen Leibe erlebt haben, sich für das höchste Gut – die Freiheit – eingesetzt.

DER FREIHEITSGEDANKE RICHTET SICH GEGEN POLITISCHEN RADIKALISMUS – EGAL WELCHER COULEUR.

Freiheit ist vielschichtig und vielfältig. So wie unser Leben. Es gibt die Gewissensfreiheit, die Gedankenfreiheit, die Religionsfreiheit, die Freiheit der Kunst, die Meinungsfreiheit, die Freiheit der Wissenschaft und der Forschung, die Rundfunk- und Pressefreiheit, die Versammlungsfreiheit, die Vereinigungsfreiheit, die Berufsfreiheit, die Reisefreiheit. Unser Grundgesetz gewährt diese Freiheiten in seinen ersten Artikeln. Sie sind nicht ohne die schrecklichen Erfahrungen, die Menschen in den Jahren zwischen 1933 und 1945 unter der nationalsozialistischen Zwangsherrschaft machen mussten, zu verstehen. Damals wurden Freiheit und Menschenwürde mit Füßen getreten. Im Widerstand gegen die Nazi-Diktatur waren es vor allem auch christliche Märtyrer, die sich nicht mit Unfreiheit, Unrecht und staatlicher Willkür abgefunden und dafür mit ihrem Leben bezahlt haben. Hier ist besonders der von mir sehr geschätzte Dietrich Bonhoeffer zu nennen, aber auch Bernhard Lichtenberg, Karl Leisner und viele andere. Auch Helmuth James Graf von Moltke, dessen Briefe aus der Haft mich immer wieder neu bewegen. Während seiner Haftzeit hat er sich intensiv mit

FREIHEIT IST VIELSCHICHTIG UND VIELFÄLTIG. SO WIE UNSER LEBEN.

GEDANKEN-

GEWISSENS-

DER WISSENSCHAFT UND DER FORSCHUNG

BERUFS-

MEINUNGS-

FREIHEIT

VEREINIGUNGS-

RUNDFUNK- UND PRESSE-

REISE-

RELIGIONS-

VERSAMMLUNGS-

DER KUNST

Martin Luthers Schriften befasst, insbesondere mit „Von der Freiheit eines Christenmenschen".

Es wird deutlich, dass der Begriff der Freiheit sowohl eine politisch-gesellschaftliche Dimension hat als natürlich auch und in erster Linie eine individuelle: nämlich als Freiheit des Einzelnen. Nur aus dem Freiheitsdrang des Einzelnen, aus dem Erleben und Leben der Freiheit durch den Einzelnen, wenn sie sich in Bezug zum anderen, zum Du, zum Gegenüber setzt, kann letztlich die gesellschaftlich prägende Kraft der Freiheit werden, die herrschende Verhältnisse umgestaltet, die eine Gesellschaft lebenswert macht und die Beziehungen stiftet. Mit anderen Worten: Zur Freiheit befreit zu sein bedeutet immer auch, die Freiheit in Verantwortung für andere zu leben und Verantwortung in Familie, Gesellschaft und Beruf zu übernehmen. Wer Freiheit nur für sich alleine (aus)lebt, hat ihren tiefen Sinn nicht verstanden. Dies hat auch der ehemalige Bundespräsident Roman Herzog in einer Rede zur Bildungspolitik im Jahr 1997 auf den Punkt

ZUR FREIHEIT BEFREIT ZU SEIN BEDEUTET IMMER AUCH, DIE FREIHEIT IN VERANTWORTUNG FÜR ANDERE ZU LEBEN UND VERANTWORTUNG IN FAMILIE, GESELLSCHAFT UND BERUF ZU ÜBERNEHMEN.

gebracht, als er sagte: „Freiheit ohne Ziele ist Orientierungslosigkeit und Individualismus ohne Solidarität kann kein Gemeinwesen begründen." Mit dem Begriff der Freiheit verbinden wir heute ideengeschichtliche Vorstellungen, manche denken an politische Programme, alle sicherlich an die persönliche Freiheit, zunehmend geht es auch um Freiheit im Internet. Religion und Freiheit, Glauben und Freiheit vertragen sich in unserer zunehmend säkularisierten Welt für viele Menschen hingegen nicht. Das liegt daran, dass allzu oft Freiheit in einen Gegensatz zu Gehorsam gesetzt wird. Und mit Gehorsam werden auch Religion und Kirche in Verbindung gebracht. Dabei sind es häufig gerade der Religion Fernstehende, die das Gebäude des christlichen Glaubens und der Kirche als einengend und begrenzend empfinden und skeptisch oder zumindest mit Unverständnis auf diejenigen reagieren, die ihren Glauben an Jesus Christus und

RELIGION UND FREIHEIT, GLAUBEN UND FREIHEIT VERTRAGEN SICH IN UNSERER ZUNEHMEND SÄKULARISIERTEN WELT FÜR VIELE MENSCHEN HINGEGEN NICHT. DAS LIEGT DARAN, DASS ALLZU OFT FREIHEIT IN EINEN GEGENSATZ ZU GEHORSAM GESETZT WIRD.

ihre Zugehörigkeit zu einer der christlichen Kirchen als etwas Befreiendes erleben. Wenn wir aber ehrlich sind, werden wir uns eingestehen müssen, dass letztlich jeder Mensch irgendwem oder irgendetwas folgt. Sei es Gesetzen, den Verlockungen der Konsumgesellschaft oder aber der Frohen Botschaft. Diese Entscheidung hat jeder in Freiheit zu treffen. Papst Benedikt XVI. weist immer wieder auf die Bedeutung der verantworteten Freiheit hin, ohne die ein gelingendes Staatswesen und eine solidarische Gesellschaft nicht möglich, nicht denkbar sind: Wir haben von Gott eine Berufung zur Freiheit empfangen. Diese Berufung zur Freiheit bringt aber auch eine Verantwortung mit sich – eine Verantwortung für den Nächsten und in der Gesellschaft. Die „Freiheit in Verantwortung" ist daher eines der zentralen Motive, mit dem eigentlich auch schon der Kern einer wunderschönen Bibelstelle getroffen ist, die für mich im Laufe meines Lebens immer mehr an Bedeutung und Tiefe gewonnen hat:

WIR HABEN VON GOTT EINE BERUFUNG ZUR FREIHEIT EMPFANGEN. DIESE BERUFUNG ZUR FREIHEIT BRINGT ABER AUCH EINE VERANTWORTUNG MIT SICH.

Ihr aber, liebe Brüder, seid zur Freiheit berufen! Allein seht zu, dass ihr durch die Freiheit dem Fleisch nicht Raum gebt; sondern durch die Liebe diene einer dem andern. Denn das ganze Gesetz wird in einem Wort erfüllt, in dem: Liebe deinen Nächsten wie dich selbst (Galater 5,13-14; LUT).

In diesen Sätzen des Apostels Paulus an die Galater liegt die befreiende Botschaft des Evangeliums und zugleich die Kernaussage des christlichen Menschenbildes: Der Mensch ist zur Freiheit befreit und mit dem Auftrag zur Nächstenliebe versehen.

DER MENSCH IST ZUR FREIHEIT BEFREIT UND MIT DEM AUFTRAG ZUR NÄCHSTENLIEBE VERSEHEN.

Dafür, dass ich verschiedene Aspekte dieser Bibelstelle einmal näher ausleuchten und beleuchten konnte – freilich ohne dabei einen Anspruch auf Vollständigkeit zu erheben –, danke ich dem Verlag SCM R.Brockhaus sowie seiner Lektorin Silke Gabrisch. Der Verlag und sie haben sich im Herbst 2011 nicht nur auf das Wagnis eingelassen, in der neuen Reihe „Schätze der Bibel" gleich als zweiten Band eine eher unbekannte Bibelstelle unter den Titel „Vom Wert der Freiheit“ zu stellen, sondern haben auch nachsichtig auf die ein oder andere Fristverlängerungsbitte reagiert, die durch das politische Geschehen leider notwendig wurde. Schließlich gilt mein besonderer Dank meinem Kollegen Dr. Matthias Zimmer MdB und meinem Mitarbeiter Dr. Andreas Mom, die an diesem Band mitgearbeitet und ihn bereichert haben.

IHR ABER, LIEBE BRÜDER, SEID ZUR FREIHEIT BERUFEN! ALLEIN SEHT ZU, DASS IHR DURCH DIE FREIHEIT DEM FLEISCH NICHT RAUM GEBT, SONDERN DURCH DIE LIEBE DIENE EINER DEM ANDERN. DENN DAS GANZE GESETZ WIRD IN EINEM WORT ERFÜLLT, IN DEM: LIEBE DEINEN NÄCHSTEN WIE DICH SELBST.

DIE FREIHEIT, VON DER PAULUS SPRICHT

Die Botschaft im Galaterbrief, wonach der Mensch zur Freiheit befreit ist (vgl. Galater 5,1), hat etwas Beruhigendes, ja etwas Erlösendes. Dabei bedeutet Freiheit nicht Beliebigkeit; Freiheit ist kein Freibrief, wie es Papst Johannes Paul II. am 23. Juni 1996 am Brandenburger Tor in Berlin formuliert hat: „Wer aus der Freiheit einen Freibrief macht, hat der Freiheit bereits den Todesstoß versetzt. Der freie Mensch ist vielmehr der Wahrheit verpflichtet. Sonst hat seine Freiheit keinen festeren Bestand als ein schöner Traum, der beim Erwachen zerbricht. Der Mensch verdankt sich nicht sich selbst, sondern ist Geschöpf Gottes; er ist nicht Herr über sein Leben und über das der anderen; er ist – will er in Wahrheit Mensch sein – ein Hörender und Horchender."

Soll das also heißen, der Mensch ist zwar befreit, aber er kann doch nicht tun und lassen, was er will? Was ist denn das für eine Freiheit? – so fragt man sich ganz unwillkürlich. Von welcher Freiheit spricht also Paulus im Galaterbrief?

Es ist eine Freiheit, die mit Einsicht zu tun hat. Keine zügellose Freiheit, sondern eine Freiheit, die auf einer Erkenntnis beruht: dass es Christus war, der uns für die Freiheit frei gemacht hat. Dies bedeutet zunächst eine Abkehr von der religiösen Praxis der Juden, für die ein gottgefälliges Leben in der strikten Beachtung des Buchstabens besteht. Die Juden gelten als Volk des Wortes, des Buches, der strengen Befolgung der Regeln, die Gott in der Thora aufgestellt hat. Christus hat diese Regelstrenge im Liebesgebot aufgelöst. Er traut dem Menschen zu, von seiner Freiheit den rechten Gebrauch zu machen. Er ist der menschgewordene Gott, der aus Freiheit die Sünden der Welt auf sich genommen und sich selbst zum Opfer gemacht hat. Der aus seiner Freiheit den schlimmsten Feind des Menschen besiegt hat: den Tod. Und der uns gelehrt hat, dass ein Leben in seiner Nachfolge bedeutet: Fürchtet euch nicht. Habt Mut, euch selbst ganz in mir zu verlieren, um euch so selbst zu erkennen und euren eigenen Verstand zu gebrauchen. Erkennet, sucht euch selbst und was es bedeutet, Mensch zu sein. Darin liegt die Freiheit.

CHRISTUS IST DER MENSCHGEWORDENE GOTT, DER AUS FREIHEIT DIE SÜNDEN DER WELT AUF SICH GENOMMEN UND SICH SELBST ZUM OPFER GEMACHT HAT.

Die entscheidende Erkenntnis ist also, dass wir frei von Angst sein können. Frei vom Zwang, Gesetze und Vorschriften geradezu zwanghaft einzuhalten, um vor dem Urteil Gottes oder dem der Menschen Bestand haben zu können. Martin Luther hat es in seiner Rechtfertigungslehre so formuliert, dass wir durch die Gnade Gottes befreit sind. „Die guten Werke helfen nichts, es hilft allein der Glaube“, so Luther. Der so befreite Mensch kann und wird also handeln, weil er seiner Verantwortung gerecht werden will. Wer vor Gott frei ist, ist es erst recht vor den Menschen. Nicht umsonst fürchten deshalb Diktaturen die christliche Botschaft. Der Verbrecher Freisler hat es als Präsident des Volksgerichtshofs entlarvend formuliert, als er davon sprach, dass die Nazi-Diktatur den ganzen Menschen wolle. Und da das Christentum dies auch für sich beanspruche, müsse es verschwinden. Wer diese Botschaft richtig verstanden hat, wird sich einer Diktatur nicht unterordnen können. Und schließlich: Es ist eine Freiheit in Verantwortung. Niemand lebt für sich selbst allein. Die eigene Freiheit ist auch die Freiheit des anderen, für den man Mitverantwortung trägt. Diese „sozialen Dimensionen der christlichen Freiheit“ (Samuel Vollenweider) werden von Paulus in seinen Briefen herausgearbeitet. Er orientiert sich dabei an Christus, der am Kreuz für den Bruder gestorben ist (vgl. Römer 14,15; 1. Korinther 8,11). An dieser Stelle sollte man das bekannte Diktum Martin

DIE EIGENE FREIHEIT IST AUCH DIE FREIHEIT DES ANDEREN, FÜR DEN MAN MITVERANTWORTUNG TRÄGT.

Luthers in Erinnerung rufen, das er in seiner berühmten Schrift „Von der Freiheit eines Christenmenschen", im Jahr 1520 in Wittenberg erschienen, aufgestellt hat:

Ein Christenmensch ist ein freier Herr über alle Ding und niemand untertan.
Ein Christenmensch ist ein dienstbarer Knecht aller Ding und jedermann untertan.

Auf den ersten Blick mögen die beiden Sätze gegensätzlich erscheinen. Auf den zweiten Blick wird aber deutlich, dass nur derjenige, der frei ist, auch dienstbar sein kann, also Verantwortung übernehmen kann. Freiheit und Verantwortung hängen aufs Engste zusammen, sie sind nur gemeinsam zu denken. Luther hat dies zum Ende seiner Schrift wie folgt zusammengefasst:

Aus dem allen folget der Beschluss, dass ein Christenmensch lebt nicht in sich selbst, sondern in Christo und seinem Nächsten, in Christo durch den Glauben, im Nächsten durch die Liebe. [...] Siehe, das ist die rechte, geistliche, christliche Freiheit, die das Herz frei macht von allen Sünden, Gesetzen und Geboten, welche alle andere Freiheit übertrifft, wie der Himmel die Erde.

Diese Freiheit für den anderen hat uns Christus vorgelebt. Sie besteht in der Hinwendung zum Nächsten. Sein Beispiel führt uns vor Augen, dass die wahre Freiheit durch den anderen keine Einschränkung erfährt, sondern durch den Dienst am Nächsten, die Nächstenliebe, erst Gestalt gewinnt.

Die Botschaft im Galaterbrief bedeutet aber auch, dass wir nicht gescheiterte Menschen sind, wenn wir einzelne Aufgaben nicht bewältigen oder Fehler machen. Die Angst, ja nicht zu versagen, weil dies existenzielle Konsequenzen haben könnte, hat keinen Raum mehr. Dietrich Bonhoeffer formulierte es einmal schön in seinem Satz, dass wir hier nur die vorletzten Dinge regeln. Das bedeutet auch, dass wir immer nur einen Teil, ein Bruchstück abgeben und nie etwas Ganzes, Vollständiges, Fertiges erreichen müssen. Wie befreiend ist doch eine solche Aussage!

DIE BOTSCHAFT IM GALATERBRIEF BEDEUTET ABER AUCH, DASS WIR NICHT GESCHEITERTE MENSCHEN SIND, WENN WIR EINZELNE AUFGABEN NICHT BEWÄLTIGEN ODER FEHLER MACHEN.

Die Freiheit aber ist nicht von selbst gewährleistet. Sie muss von uns allen täglich neu gelebt werden. Und sie muss gegen Indoktrination, Einengungen und Begrenzungen durch eine sogenannte bessere Erkenntnis verteidigt werden. Denn immer dann, wenn politische Systeme im Namen einer hehren Ideologie die Freiheit des Einzelnen auf dem Altar angeblich übergeordneter Interessen geopfert haben, wurden Menschen ihrer Rechte beraubt. Das war so unter dem nationalsozialistischen Regime und auch im System des real existierenden Sozialismus. Der neue Mensch, der im Namen einer gottlosen Ideologie geschaffen werden sollte, war aber nie frei! Letztlich hat die Freiheit gesiegt. Auch weil Christenmenschen die befreiende Botschaft des Evangeliums nicht vergessen hatten.

IHR ABER, LIEBE BRÜDER, SEID ZUR FREIHEIT BERUFEN! ALLEIN SEHT ZU, DASS IHR DURCH DIE FREIHEIT DEM FLEISCH NICHT RAUM GEBT, SONDERN DURCH DIE LIEBE DIENE EINER DEM ANDERN. DENN DAS GANZE GESETZ WIRD IN EINEM WORT ERFÜLLT, IN DEM: LIEBE DEINEN NÄCHSTEN WIE DICH SELBST.

JESUS – DER FREIHEITSKÄMPFER

Freiheitsgeschichten durchziehen die Bibel – sowohl das Alte als auch das Neue Testament. Eine Definition von Freiheit werden wir aber vergeblich suchen. Vielmehr werden wir große Freiheitserzählungen finden, in denen Gottes mächtiges Wirken offenbar wird.
Die große Freiheitsgeschichte des Alten Testaments ist die Befreiung des Volkes Israels aus der Knechtschaft in Ägypten. Kein anderes Ereignis findet in der Bibel häufiger Erwähnung als der Exodus. In dieser Geschichte manifestiert sich die Berufung zur Freiheit. Ein faszinierender Gedanke. Mit dem Auszug aus Ägypten lassen die Israeliten die fremde Vorherrschaft in Ägypten hinter sich. Nicht mehr Fremdbestimmung ist ihr Los, sondern Selbstbestimmung als Volk Gottes. Nicht mehr Sklavenarbeit für den Pharao bestimmt ihr Leben, sondern in Freiheit von ihrer eigenen Hände Arbeit zu leben. Gleichzeitig verpflichtet Gott das Volk Israel mit Verweis auf den Freikauf aus Ägypten darauf, selbst Unfreiheitsverhältnisse von Zeit zu Zeit zu lösen. Diese Erfahrung der göttlichen Erlösung, die Befreiung aus der Sklaverei, verhalf dem Volk Israel zu einer neuen Identität als Gottesvolk.
Eine noch ganz andere Dimension gewinnt die Befreiung des Volkes Israel aus der babylonischen Gefangenschaft. In kraftvollen Versen lässt sich diese Errettung

im Buch Jesaja (Kapitel 40-55) nachlesen. Es war die Erfahrung, dass Gott die Israeliten nicht im Stich lässt. Zwar hatten sie seine Gebote nicht geachtet und daher als Strafe für ihre Sünden die babylonische Gefangenschaft erlitten, doch Gott hatte sein Volk nicht vergessen. Und er gab ihnen die Zusage: „Ich fege deine Vergehen hinweg wie eine Wolke und deine Sünden wie Nebel. Kehr um zu mir; denn ich erlöse dich" (Jesaja 44,22).

Es überrascht daher nicht, dass zu Zeiten Jesu – als die Juden unter der römischen Besatzungsmacht zu leiden hatten – Zeitgenossen aufgrund seiner Wundertaten und Worte den großen Freiheitshelden erhofften, der die endgültige Befreiung bringen würde. Doch Jesus rief nicht zum Widerstand gegen die politischen Machthaber auf, er meinte eine andere Freiheit – eine innere, eine geistige Freiheit. Eine Freiheit von irdischen Bindungen. Jesus lehnte es ab, ein „politischer Messias" zu sein, wie es treffend in der „Erklärung über die Religionsfreiheit" des Zweiten Vatikanischen Konzils heißt.

JESUS RIEF NICHT ZUM WIDERSTAND GEGEN DIE POLITISCHEN MACHTHABER AUF, ER MEINTE EINE ANDERE FREIHEIT – EINE INNERE, EINE GEISTIGE FREIHEIT.

Äußere Machtmittel, mit denen er vom Teufel in der Wüste in Versuchung geführt wurde (vgl. Matthäus 4,8-10), waren nicht sein Ding. Und am Palmsonntag zog Jesus nicht auf einem hohen Ross und mit erhobener Faust in Jerusalem ein, sondern auf einem Esel sitzend, dem Lasttier des gewöhnlichen Volkes. Deutlicher kann nicht zum Ausdruck kommen, dass es hier um eine andere Mission ging.

JESUS ALS DER SOHN GOTTES BEFREIT VON DER SÜNDE UND SCHAFFT DAMIT EINE WIRKLICHE FREIHEIT.

Noch vor Pontius Pilatus, dem römischen Statthalter und Richter, bezeugte er: „Mein Reich ist nicht von dieser Welt. [...] Ich bin ein König. Ich bin dazu geboren und in die Welt gekommen, dass ich die Wahrheit bezeugen soll" (Johannes 18,36-37; LUT). Es geht bei seinem Königtum also nicht um weltliche Macht, sondern um die Wahrheit. Aber hatte dieser Jesus nicht selbst von sich gesagt, dass er gekommen ist, um den Gefangenen die Entlassung zu verkünden und die Zerschlagenen in Freiheit zu setzen (vgl. Lukas 4,18)?
Ja, Jesus ist durch sein Leben und seine Botschaft ausgebrochen aus dem Gefängnis erstarrter Frömmigkeit, aus der Enge äußerer Konventionen und falscher Gottesbilder. Er ist gekommen, damit die Menschen das

Leben haben und es in Fülle haben (vgl. Johannes 10,10). Dort, wo Menschen sich mit Schuld und Sünde beladen und von Gott entfernt hatten, da gewährte er Vergebung. Beim Mahl mit den Zöllnern entgegnete er den Pharisäern, er wolle Barmherzigkeit, nicht Opfer. „Denn ich bin gekommen, um die Sünder zu rufen, nicht die Gerechten" (Matthäus 9,13). Und der Ehebrecherin sagte er, nachdem keiner der Umstehenden den ersten Stein geworfen hatte: „Auch ich verurteile dich nicht. Geh und sündige von jetzt an nicht mehr!" (Johannes 8,11). Durch dieses Verhalten, das Anstoß erregte, überwand Jesus soziale und religiöse Grenzen und ließ etwas von Gottes Liebe aufscheinen. Jesus als der Sohn Gottes befreit von der Sünde und schafft damit eine wirkliche Freiheit. So wurde er übrigens bereits vor seiner Geburt dem Josef in einem Traum vom Engel des Herrn angekündigt, als dieser ihm auftrug: „Ihm sollst du den Namen Jesus geben; denn er wird sein Volk von seinen Sünden erlösen" (Matthäus 1,21).

Vor diesem Hintergrund ist Freiheit im Sinne des Neuen Testaments vor allem Freiheit von der Sünde und vom Gesetz. Daher ruft Paulus in seinem leidenschaftlichen Brief an die Galater gleich zu Beginn in Erinnerung, dass es Jesus Christus ist, „der sich für unsere Sünden hingegeben hat, um uns aus der gegenwärtigen bösen Welt zu befreien“ (Galater 1,4). Und deshalb kann Paulus auch schreiben, dass wir zur Freiheit befreit sind, weil wir nämlich durch Jesus Christus zu Kindern Gottes geworden sind (vgl. Galater 4,1-7). Nicht mehr Knecht und Sklave, sondern Sohn und Tochter! Und an anderer Stelle schreibt Paulus die so vielsagenden Worte von der Befreiung der Schöpfung von der Knechtschaft der Vergänglichkeit zur „Freiheit der Herrlichkeit der Kinder Gottes“ (Römer 8,21; ELB). Insofern verdichtet sich im Satz „Ihr seid zur Freiheit berufen“ (Galater 5,13) die Kernbotschaft des Heilsgeschehens, nämlich die Befreiung von der Sünde, vom Tod und vom Gesetz. Nicht mehr die Befolgung des Gesetzes nötigt gottgefällige Taten ab, sondern allein der Glaube an Jesus Christus macht gerecht vor Gott (vgl. Galater 2,15-16). In diesem Sinne war Jesus ein Freiheitskämpfer. Aber keiner mit einer politisch-gesellschaftlichen Freiheitsagenda. Ihm ging es bei seinem Freiheitskampf immer um den einzelnen Menschen, den er als Ebenbild Gottes sah. Jesus befreit von den Ängsten des Lebens und der Sündenangst, er befreit von überkommenen Strukturen und der engen Auslegung religiöser Gesetze und der lediglich äußeren Beachtung religiöser Vorschriften. Als seine Jünger vor lauter Hunger am Sabbat die Ähren im Kornfeld abrissen und davon aßen, entgegnete er den

Pharisäern: „Barmherzigkeit will ich, nicht Opfer" (vgl. Matthäus 12,1-8). Und dem Mann mit der verdorrten Hand verweigerte er auch am Sabbat nicht die Heilung (vgl. Matthäus 12,9-14), weil der Mensch für ihn wichtiger war als religiöse Gesetze. Denn: „Es ist am Sabbat erlaubt, Gutes zu tun." Sein Verhalten erregte Anstoß. Für ihn war aber klar, dass die Gesetze für die Menschen da sind, und nicht die Menschen für die Gesetze.

Mit Christus lebt es sich also nicht so einfach wie zuvor. Es ist immer wieder ein neuer Aufbruch. Und schließlich räumt sein Opfertod mit der Vorstellung auf, allein die rein äußerliche Befolgung des Gesetzes würde die Erlösung bringen. Damit korrespondiert auch die Aussage im Brief des Apostels Paulus an die Galater, „dass der Mensch nicht durch Werke des Gesetzes gerecht wird, sondern durch den Glauben an Jesus Christus" (Galater 2,16). Wäre das Gegenteil richtig, so verweist Paulus unmissverständlich auf die Konsequenz dieses Denkens: „... denn käme die Gerechtigkeit durch das Gesetz, so wäre Christus vergeblich gestorben" (Galater 2,21). Glaube oder Gesetz: Vor diese eindeutige Wahl stellt Paulus die Leser seines Briefes.

MIT CHRISTUS LEBT ES SICH NICHT SO EINFACH WIE ZUVOR. ES IST IMMER WIEDER EIN NEUER AUFBRUCH.

Eine Zwischenposition gibt es für ihn nicht. Ihm ist dabei klar: „Dass durch das Gesetz niemand vor Gott gerecht wird, ist offenkundig“ (Galater 3,11). Es lohnt sich daher an dieser Stelle, einmal näher auf Paulus und das Gesetz einzugehen.

Im Brief an die Galater ist das Gesetz, das Paulus konkret anspricht, die religiöse Vorschrift, nach der sich Juden einer Beschneidung zu unterziehen hatten. Der Hintergrund ist, dass Paulus die Galater zwar bekehrt, aber auf eine Beschneidung verzichtet hatet. Die Beschneidung ist für die Juden das äußere Zeichen der Zugehörigkeit zum Volk Gottes. Hierin manifestiert sich der Bund, den Gott mit dem auserwählten Volk geschlossen hat.

Fraglich war nun, ob Christus lediglich für die Juden der Messias war. Einige Jünger Jesu missionierten nur in jüdischen Gemeinden. Paulus hingegen, der ja auch römischer Bürger war, beschränkte sich nicht darauf. Er vertrat eine radikal andere Ausgangsposition: Die Botschaft Christi ist nicht auf die Juden beschränkt, sondern sie ist an alle gerichtet. Sie ist die Botschaft an alle Völker, an alle Menschen. Der Glaube an Jesus Christus ist universal. Deswegen gilt Paulus als Apostel der Völker. Rein jüdische Traditionen konnten deshalb nicht alleiniger Maßstab für den zur Freiheit befreiten Menschen sein. Zwar wird im Brief an die Korinther deutlich, dass Paulus Vorschriften und Gebräuche anderer Kulturen für die Zwecke der Verkündigung nutzt, er misst ihnen aber keine große Bedeutung bei (vgl. 1. Korinther 9,19-22). Ebenso ist es mit den jüdischen Riten und Gesetzen. Paulus befolgt sie zwar, aber es sind Äußerlichkeiten für ihn. Sie haben keinen Bezug mehr zu der Gerechtigkeit Gottes. Sie sagen für ihn nichts über den wahren Glauben und die wahre Gerechtigkeit aus. Diese gründen sich allein in der neuen Botschaft der Freiheit und der Nächstenliebe.

DER GLAUBE AN JESUS CHRISTUS IST UNIVERSAL.

Es lohnt sich hier auch, auf einen zweiten Aspekt hinzuweisen. Da die Botschaft der Verkündigung also vom Gesetz gelöst ist und allen gilt, beseitigt sie auch alle Unterschiede, die das Gesetz zwischen den Menschen macht: zwischen Arm und Reich, zwischen Freien und Sklaven, zwischen Kranken und Gesunden, zwischen Männern und Frauen. Alle Menschen sind gleich in der Gotteskindschaft, daher richtet sich auch die Verkündigung der Frohen Botschaft an alle. Das neue Zusammenleben wird nicht mehr durch das Gesetz bestimmt, sondern durch die Aufforderung, den anderen zu lieben wie sich selbst.

In diesem Sinne ist die christliche Botschaft eine Freiheitsbotschaft, die über die Zeitläufe hinweg nichts von ihrer Anziehungskraft verloren hat. Die frei machende Botschaft Jesu, die wir an Ostern mit seinem Tod und seiner Auferstehung und an jedem Sonntag feiern, gibt Kraft und schenkt Versöhnung mit Gott, mit dem Nächsten und mit sich selbst, sie befreit von den Ängsten und Nöten unseres Lebens und gibt dadurch Hoffnung. Und schließlich öffnet sie mit dem Liebesgebot den Blick auf den Nächsten, auf den Nächsten als Ebenbild Gottes. Den Auftrag, füreinander da zu sein, haben wir Christen von ihm empfangen. An ihm müssen wir uns messen lassen. Als Kirche und jeder Einzelne für sich.

NÄCHSTENLIEBE

KRAFT

ZUGEHÖRIGKEIT ZUM VOLK GOTTES

GLAUBE GERECHTIGKEIT

BOTSCHAFT

FREIHEIT VERSÖHNUNG

AUFTRAG AUFERSTEHUNG

WILLE LIEBE

GRENZEN DER FREIHEIT

Freiheit ist kein absoluter Wert, sondern hat Grenzen. Dass dies sinnvoll ist, zeigt schon die Alltagserfahrung. Vor einigen Jahren hieß es einmal: „Freie Fahrt für freie Bürger". Sollte damit auch gemeint sein, dass man sich souverän über alle Geschwindigkeitsbegrenzungen hinwegsetzen darf? Dass man Leib und Leben anderer Menschen gefährden darf? So war es offensichtlich nicht gemeint und die Initiative ist auch schnell wieder in der Versenkung verschwunden. Freiheit heißt eben nicht, tun zu können, was einem gerade in den Sinn kommt. Freiheit ist auch nicht das Recht des Stärkeren. Freiheit kann sich sinnvoll vielmehr nur dann entfalten, wenn sie die Freiheit anderer respektiert. Freiheit endet an der Freiheit meines Mitmenschen.

FREIHEIT ENDET AN DER FREIHEIT MEINES MITMENSCHEN.

Die meisten Regeln unseres täglichen Zusammenlebens sollen dies gewährleisten, von den strafrechtlichen Normen angefangen bis hin zu Verkehrsregeln oder Hausordnungen. Wann darf ich den Rasen mähen oder Schlagzeug spielen? Wo darf ich parken, wie schnell darf ich fahren? Nur in einer vollkommenen Welt gilt das Wort des Kirchenvaters Augustinus: „Liebe und tue, was du willst." In einer unvollkommenen Welt, in der der Mensch unter dem Bann der Sünde steht, in der er unvollkommen ist, braucht die Freiheit mehr als nur die Liebe zur Bändigung. Sie braucht verbindliche Regeln und Normen.

Damit aber nicht genug. Wie frei ist der Mensch? Als die Französische Revolution 1789 die großen Ideen von Freiheit, Gleichheit und Brüderlichkeit verkündete, zerbrachen damit auch ein altes Regime und herkömmliche Lebensweisen. Es war die Geburtsstunde des konservativen Gedankens. Gegen die Idee der Französischen Revolution, der Mensch könne sich aus allen Bindungen befreien, sich neu erfinden, hat die konservative und später auch die politische Romantik einen sehr gewichtigen Einwand formuliert. Der Mensch ist immer auch Produkt seiner Umstände, seiner Herkunft, seiner Sprache, seiner Heimat, seiner Kultur. Er steht in einer Abfolge der Generationen, er ist als Lebender das Bindeglied zwischen den Toten und den Noch-nicht-Lebenden. Edmund Burke, der große konservative Schriftsteller, hat dies einmal auf die Formel gebracht, dass die Gesellschaft mehr als eine Vereinigung von Pfefferhändlern sei. Sie ist mehr als ein nur vorübergehender Vertrag, sondern eine Verantwortungsgemeinschaft.

Das wird neuerdings wieder aktuell, wenn wir etwa über die Frage der Nachhaltigkeit sprechen. Der Begriff stammt ursprünglich aus der Holzwirtschaft und wurde vom Forstwirt Hans Carl von Carlowitz 1713 geprägt. Gemeint war damit, dass man nicht mehr Holz schlagen dürfe, als nachwächst. Diesen Grundsatz nicht zu beachten, ist nicht ökonomisch. Es ist auch nicht klug, weil dann eine Generation auf Kosten der nächsten lebt. Eine Gesellschaft würde damit im Namen der Freiheit ihre weitere Existenz aufs Spiel setzen. Das gilt auch global. Schon Novalis, der deutsche Romantiker, wusste:

Allen Geschlechtern gehört die Erde – jeder hat Anspruch auf alles. Die Früheren dürfen diesem Primogeniturzufalle keinen Vorzug verdanken.

Heute gilt diese Einsicht mehr denn je. Wir brauchen nur die Schlagzeilen der Umweltdebatten anzusehen: Der Kohlendioxidgehalt in der Atmosphäre steigt bedenklich, die Meere sind verschmutzt, das Artensterben auf unserem Planeten nimmt beängstigende Ausmaße an. Auch hier muss die Freiheit des Menschen durch Leitplanken begrenzt werden. Sonst ruiniert er um seiner kurzfristigen Interessen willen das Überleben der Menschheit insgesamt. Freiheit bedeutet eben auch: Nicht nur durch die Freiheit der Mitmenschen begrenzt zu werden, sondern auch den Nachgeborenen die gleiche Freiheit zu ermöglichen.

Freiheit kann jedoch in Unfreiheit umschlagen. Das hat schon die Französische Revolution gezeigt: Im Namen der Freiheit herrschten der Terror und die Guillotine. Auch die großen totalitären Diktaturen des 20. Jahrhunderts sind diesem Irrtum erlegen. Sie meinten, der Mensch könne, weil er frei ist, beliebig geformt und umgeformt werden. Er brauche weder Familie noch Heimat, weder Religion noch Kultur. Es reiche aus, ihn in der Ideologie zu beheimaten. Das Ergebnis war, dass die Nationalsozialisten wie die Kommunisten Kinder gegen ihre Eltern ausgespielt haben. Die Loyalität zur Partei, zur Ideologie stand höher als die Bindungen in der Familie. Menschen wurden umgesiedelt, aus ihrer Heimat herausgerissen, Kirchen geschlossen, Gottesdienste verboten, ja, bei nationalen Minderheiten der Gebrauch und die Weitergabe der eigenen Sprache verboten und die kulturellen Überlieferungen verdrängt.

FREIHEIT BEDEUTET EBEN AUCH: NICHT NUR DURCH DIE FREIHEIT DER MITMENSCHEN BEGRENZT ZU WERDEN, SONDERN AUCH DEN NACHGEBORENEN DIE GLEICHE FREIHEIT ZU ERMÖGLICHEN.

Deswegen steht bei uns die Familie auch unter dem besonderen Schutz des Grundgesetzes; sie ist ein Grundbaustein unseres Zusammenlebens, sie ist die Keimzelle unserer Gesellschaft und des Staates. Deswegen reagieren wir auch empört, wenn Christen in der Welt bedrängt und verfolgt werden, wenn Religionsausübung unterdrückt wird. Deswegen sind uns auch die Rechte und die kulturellen Überlieferungen anderer Kulturen wichtig. All dies bestimmt den Menschen. Es gibt ihm einen eigenen kulturellen Horizont, der für seine Persönlichkeitsentwicklung wichtig ist und deswegen auch einen eigenen Wert hat.

WIR WOLLEN DIE FREIHEIT – ABER NICHT ALS GLEICHMACHEREI, SONDERN IN DEN VERSCHIEDENSTEN KULTURELLEN AUSPRÄGUNGEN.

Wir wollen die Freiheit – aber nicht als Gleichmacherei, sondern in den verschiedensten kulturellen Ausprägungen. Freiheit ist immer durch Geschichte, Sprache, Herkunft und Kultur geprägt. Sie ist nicht an allen Orten der Welt gleich, sondern immer kulturell vermittelt. Dieses zu leugnen, war eines der großen Verbrechen der totalitären Diktaturen des 20. Jahrhunderts – und es war der große Irrtum der Französischen Revolution im Anschluss an ihre erste heroische, an ihre emanzipative Phase.

Freiheit bedeutet, Unterschiede anzuerkennen und der Versuchung zu widerstehen, alles gleichmachen zu wollen. Der Mensch kann nicht, wie in den großen negativen Utopien, „gemacht“ werden. Er ist kein leeres Blatt Papier, das beliebig beplant werden kann. Auf dieser Annahme beruhen Diktaturen. Freiheitliche Ordnungen beruhen hingegen auf der Annahme, dass Freiheit und Unterschiedlichkeit sich gegenseitig bedingen.

IHR ABER, LIEBE BRÜDER, SEID ZUR FREIHEIT BERUFEN! ALLEIN SEHT ZU, DASS IHR DURCH DIE FREIHEIT DEM FLEISCH NICHT RAUM GEBT, SONDERN DURCH DIE LIEBE DIENE EINER DEM ANDERN. DENN DAS GANZE GESETZ WIRD IN EINEM WORT ERFÜLLT, IN DEM: LIEBE DEINEN NÄCHSTEN WIE DICH SELBST.

FREIHEIT UND GEWISSEN

Freiheit geht also immer mit Verantwortung einher. Wenn uns Christus zur Freiheit befreit hat, dann zu einer verantworteten Freiheit. Er meint damit keine Freiheit, in der wir unsere Entscheidungen auf der Basis von Lust oder Unlust treffen. Die Freiheit, zu der wir befreit sind, erhebt uns über diese einfachen Motive. Sie hat vielmehr mit der Würde des Menschen zu tun. Wir haben als Menschen Würde, weil wir mehr sind als nur bloßer Körper. Es ist unsere geistige Existenz, die uns über die materielle Welt hinaushebt und unsere Würde begründet. Wir haben Würde, weil wir mit der Fähigkeit ausgestattet sind, unsere Entscheidungen nicht nur nach Lust und Unlust zu treffen, sondern nach allgemeinen Prinzipien auszurichten, die ein Widerhall von Gottes Weisung und Wesen sind. Wir haben Würde, weil wir moralisch handeln können. Moralisch handeln heißt, dass wir unter Zugrundelegung von Werten handeln. Dabei bewerten wir Handlungen als „gut“ oder „böse“.

„ER HAT SEINER MACHT SELBST EINE GRENZE GESETZT, INDEM ER DIE FREIHEIT SEINER GESCHÖPFE ANERKENNT.“ BENEDIKT XVI.

Schon zu Anbeginn hat Gott den Menschen mit der Fähigkeit versehen, in freier Willensentscheidung zu handeln. „Er hat seiner Macht selbst eine Grenze gesetzt, indem er die Freiheit seiner Geschöpfe anerkennt", so Papst Benedikt XVI. in seiner Predigt während der Heiligen Messe auf dem Flugplatz in Freiburg am 25. September 2011. Die Übertretung von Gottes Gebot, nicht vom Baum der Erkenntnis zu essen, war der Sündenfall der Menschheit; die Verbannung aus dem Paradies war die Folge. Der Mensch wurde nun im Alten Testament einer Vielzahl von Geboten unterworfen, um sein Verhalten zu lenken. Doch diese Gebote waren äußerlich. Christus hat für sie wenig Interesse gezeigt, eben weil sie nur äußerlich waren. Er hat sie daher mit neuem Sinn gefüllt (vgl. Matthäus 5,17). Das wahre christliche Leben erfüllt sich nicht in der Beachtung der äußeren Gebote, sondern im Wollen des Guten (Römer 12,2). Deswegen ist der Mensch nicht nur zur Freiheit befreit, sondern die Freiheit steht unter dem einzigen inneren Gebot: Liebe Gott und deinen Nächsten wie dich selbst. Hier ist uns ein moralisches Kriterium mitgegeben, das uns hilft, Gut und Böse unseres Handelns aus einem Grundsatz heraus abzuleiten. Die Instanz aber, die das praktische Handeln auf unser moralisches Bewusstsein bezieht und urteilt, ist das Gewissen.

Für Parlamentarier ist das Gewissen von besonderer Bedeutung. Im Grundgesetz steht in Artikel 38 Absatz 1, dass Abgeordnete „an Aufträge und Weisungen nicht gebunden und nur ihrem Gewissen unterworfen" sind. Der einzelne Abgeordnete entscheidet also nicht aufgrund äußerer Vorgaben, sondern aufgrund seines moralischen Horizonts. Und sein Gewissen sagt ihm, ob es richtig oder falsch war. Das ist ein hoher Anspruch, den unser Grundgesetz formuliert. Gleichwohl bedeutet es nicht, dass alle Entscheidungen, die Abgeordnete zu treffen haben, auch Gewissensentscheidungen sind. Abgeordnete sind Vertreter des ganzen Volkes und sie sollen die wohl verstandenen Interessen des gesamten Volkes vertreten.

Aber das Gewissen ist auch für unser Alltagsleben relevant. Häufig stehen wir vor Entscheidungen, in denen uns die Lust zwar sagt, was uns befriedigen würde, das Gewissen aber mahnt, dass dies falsch ist. Nicht immer gewinnt das Gewissen, also unser Verständnis für das, was moralisch richtig oder falsch ist. War es richtig, dass ich bei den Kindern die Geduld verloren und sie wegen eines Fehlverhaltens angeschrien habe? War es richtig, dass ich zwar bemerkt habe, dass mir die Kassiererin zu viel Wechselgeld herausgegeben hat, ich es aber oh-

NICHT IMMER GEWINNT DAS GEWISSEN, ALSO UNSER VERSTÄNDNIS FÜR DAS, WAS MORALISCH RICHTIG ODER FALSCH IST.

ne etwas zu sagen eingesteckt habe? War es richtig, dass ich einfach weitergegangen bin, als einer alleinerziehenden Mutter ihre ganzen Einkäufe heruntergefallen sind? Wir wissen intuitiv, es war nicht richtig. Uns tut unser Verhalten leid. Wenn wir uns dann aufraffen und dies ansprechen, dann entschuldigen wir uns; denn wir wollen nicht, dass das schlechte Bild, das wir abgegeben haben, haften bleibt, und zwar um unserer selbst willen. Wir haben ein besseres Bild von uns selbst. Wir bedauern, dass wir uns nicht entsprechend verhalten haben.

WIR HABEN GEWISSENSBISSE, WENN WIR UNS NICHT SO VERHALTEN HABEN, WIE WIR ES HÄTTEN TUN SOLLEN.

Hier kommt ein schönes Wort ins Spiel, das es in anderen Sprachen so meines Wissens nicht gibt: der Gewissensbiss. Wir haben Gewissensbisse, wenn wir uns nicht so verhalten haben, wie wir es hätten tun sollen. Das Gewissen nagt an uns. Es beißt zurück, lässt uns wissen: Hier ist eine Situation durch dein Handeln entstanden, in der du deine Freiheit falsch genutzt hast. Das ist in den großen Fragen sicherlich so, wenn wir gegen Strafgesetze verstoßen haben, wird aber auch in den kleinen Fehltritten des täglichen Lebens deutlich. Wir bereuen unser Verhalten und haben das Gefühl, Schuld auf uns geladen zu haben. Die Entschuldigung befreit uns dann von der Mahnung des Gewissens; die Schuld ist von uns genommen.

Das Wort im Vaterunser: „Und vergib uns unsere Schuld, wie auch wir vergeben unseren Schuldigern“ ist ja nicht ökonomisch gemeint im Sinne eines Schuldenerlasses. Es bezieht sich vielmehr auf die Bereitschaft, dem irrenden Menschen zu vergeben, ihn von der Schuld des begangenen Irrtums zu befreien. Dies müssen wir im Geist der Nächstenliebe nicht nur deswegen tun, weil wir ebenfalls Vergebung erwarten können, wenn wir unsere Freiheit falsch gebraucht haben und dies einsehen. Es ist kein einfaches Tauschgeschäft, sondern mehr. Weil Gott dem irrenden und bereuenden Menschen vergibt, weil es Christus immer wieder getan hat, tun wir es in der Nachfolge Christi auch. Das Gewissen zeigt uns an, wie wir moralisch zu handeln haben, also mit Blick auf die Kategorien von Gut und Böse. Dabei können wir irren. Wenn wir aber unseren Irrtum eingesehen haben, können wir um Vergebung bitten, unsere Mitmenschen ebenso wie unseren Schöpfer. Wenn uns Vergebung gewährt wird, sind wir entschuldet, eine Last ist von unserer Schulter genommen.

Dieser Mechanismus ist die große Erkenntnis der christlichen Botschaft. Wir können die Freiheit wagen, weil wir die moralische Urteilsfähigkeit haben, die uns anzeigt, wie wir mit der Freiheit richtig umgehen müssen. Christus hat uns zur Freiheit befreit: Das ist nicht nur ein Schritt, der ein großes Vertrauen in uns legt, sondern uns auch in die Verantwortung stellt, mit der Freiheit nach unseren moralischen Grundsätzen umzugehen. Dieser Schritt fordert uns heraus uns immer wieder selbst zu befragen, unser Gewissen zu befragen. Erst wenn wir ein reines Gewissen haben, sind wir mit uns selbst im Reinen. Erst dann können wir uns selbst lieben und damit die erste Bedingung des christlichen Gebots erfüllen. Und erst dann können wir den Nächsten lieben. Das ist für mich der Kern der Frohen Botschaft: das Vertrauen in die Wirkmächtigkeit eines moralischen Kompasses in uns selbst. Keine andere Religion setzt so viel Vertrauen in den Menschen.

CHRISTUS HAT UNS ZUR FREIHEIT BEFREIT: DAS IST NICHT NUR EIN SCHRITT, DER EIN GROSSES VERTRAUEN IN UNS LEGT, SONDERN UNS AUCH IN DIE VERANTWORTUNG STELLT, MIT DER FREIHEIT NACH UNSEREN MORALISCHEN GRUNDSÄTZEN UMZUGEHEN.

IHR ABER, LIEBE BRÜDER, SEID ZUR FREIHEIT BERUFEN! ALLEIN SEHT ZU, DASS IHR DURCH DIE FREIHEIT DEM FLEISCH NICHT RAUM GEBT, SONDERN DURCH DIE LIEBE DIENE EINER DEM ANDERN. DENN DAS GANZE GESETZ WIRD IN EINEM WORT ERFÜLLT, IN DEM: LIEBE DEINEN NÄCHSTEN WIE DICH SELBST.

DER BEFREITE MENSCH IM PRAKTISCHEN LEBEN

Freiheit bedeutet auch, dass der Staat das Leben des Menschen nicht total reglementieren darf. Wenn der zur Freiheit befreite Mensch seine Freiheit auch leben können soll, muss er Spielräume haben. Dies gilt vor allem für die Organisation seines höchstpersönlichen Lebens. Nach diesem Freiheitsverständnis hat der Staat kein Recht, ein einheitliches, absolut gültiges Lebenskonzept vorzuschreiben.

WENN DER ZUR FREIHEIT BEFREITE MENSCH SEINE FREIHEIT AUCH LEBEN KÖNNEN SOLL, MUSS ER SPIELRÄUME HABEN.

So hat der Staat bei Erziehungs- und Betreuungsfragen zwar das Recht, im Hinblick auf Wertentscheidungen wie beispielsweise das Kindeswohl Regeln aufzustellen, aber nur zum Schutz von Kindern und Jugendlichen, nicht zur Indoktrination zu einem bestimmten Lebensstil. Wer sich der Freiheit verpflichtet fühlt, wird deshalb den Wunsch nach einem eigenständigen, persönlichen Lebensstil dadurch erfüllen, dass er für eine möglichst vielfältige Lebenswirklichkeit Einrichtungen und Instrumente zur Verfügung stellt. Jeder Mensch hat dann die Wahlfreiheit. Dabei gilt es, die jeweilige Entscheidung zu respektieren und sie nicht zu diskreditieren. Wer in solchen persönlichen Lebensfragen eifert, urteilt und verurteilt, hat den Satz, dass der Mensch zur Freiheit befreit ist, nicht verstanden.

Es ist unbestritten, dass der Staat Rahmenbedingungen schaffen muss, die ein freiheitliches Leben erst ermöglichen. Dazu gehört auch, dass diejenigen, die aus eigener Kraft ihren Lebensunterhalt nicht erwirtschaften können, die Hilfe der Gemeinschaft erhalten müssen. Ohne gesicherte Existenzgrundlage wird in unserer modernen Gesellschaft Freiheit erheblich eingeschränkt. Diese Hilfe ist das Ergebnis der Verantwortung, die sich aus dem Freiheitsbegriff ergibt. Zugleich verlangen aber auch die Würde des Menschen und die Gewährleistung eines größtmöglichen Maßes an Freiheit, alles daran zu setzen, um den Einzelnen auch wieder frei von Abhängigkeiten zu machen. Eine Sozialpolitik, die auf dauerhafte ausschließliche Alimentierung hin ausgerichtet ist, wird diesem Freiheitsverständnis nicht gerecht. Es muss deshalb Ziel sein, durch staatliche Sozialleistungen den Einzelnen wieder zu einem eigenständigen, selbstständigen, also befreiten Leben zu führen. Dies gilt besonders für junge Menschen. So wichtig Unterstützung und Hilfe auch ist, nichts macht junge Menschen freier und selbstbewusster als der Einstieg ins Berufsleben. Wenn Jugendarbeitslosigkeit noch so gut finanziell abgesichert ist, so ist sie doch eine erhebliche Einschränkung persönlicher Freiheit.

Die moderne Demokratie ist eine der größten Freiheitserrungenschaften im politischen Leben überhaupt. Jeder Einzelne kann durch freie Wahlen politische Machtverteilung beeinflussen. Jede Stimme ist gleich viel wert. Die Ausübung gesellschaftlicher Teilhabe ist deshalb von der sozialen Stellung oder der jeweiligen Vermögenssituation unabhängig.

In einer Demokratie geht alle Staatsgewalt vom Volk aus. Sie ist dreigeteilt in Legislative, Exekutive und Judikative. Sie muss aber in einer Linie auf das Volk zurückgeführt werden können. Der Grundsatz ist, dass sich jeder als Autor der Entscheidungen verstehen können muss, denen er unterworfen ist. Er ist also letztendlich denjenigen Entscheidungen „untertan", die legitimatorisch auf ihn zurückgeführt werden können. Um aus der Freiheitsbewegung politische Handlungsfähigkeit zu machen, gibt es die Mehrheitsentscheidung. Dort, wo es wie in den allermeisten politischen Fragen um Abwägungsentscheidungen geht, ist das ohne Problem zu akzeptieren, wenn dadurch grundsätzliche Freiheitsrechte einer Minderheit nicht beschnitten werden. Als Schutzwall fungieren

DER GRUNDSATZ IST, DASS SICH JEDER ALS AUTOR DER ENTSCHEIDUNGEN VERSTEHEN KÖNNEN MUSS, DENEN ER UNTERWORFEN IST.

Minderheitenrechte und Grundrechte: Mehrheitsentscheidungen machen vor ihnen halt. Die parlamentarische Demokratie unterstellt nicht alles einer Mehrheitsentscheidung, vielmehr halten wir bei der Ausübung der Staatsgewalt bestimmte Grenzen für selbstverständlich und formulieren Politik innerhalb dieser Grenzen. Dieses ausbalancierte System von Mehrheitsentscheidungen und Minderheitenschutz, verbunden mit der Chance, dass die Mehrheit zur Minderheit und die Minderheit zur Mehrheit werden kann, sichert ein freiheitliches Gemeinwesen. Es ist deshalb der modernen Demokratie immanent, Minderheitenrechte nicht nur anzuerkennen, sondern sie auch abzusichern.

DASS ZUR FREIHEIT AUCH MUT GEHÖRT, IST EINE BINSENWAHRHEIT.

Zunehmend hat man allerdings den Eindruck, dass dieses ausbalancierte freiheitssichernde System unter Druck gerät. Da wird von gefühlten Mehrheiten gesprochen, da werden Mehrheiten moralisch abqualifiziert und in der öffentlichen Diskussion oftmals auch eingeschüchtert, was andere entmutigen soll. Dies ist ein Teil des politischen Meinungskampfes, der geführt werden muss. Eine mutlose Mehrheit verliert zu Recht ihre Position. Denn dass zur Freiheit auch Mut gehört, ist eine Binsenwahrheit.

Problematisch wird es aber da, wo eine kämpferische Minderheit die Umsetzung von Mehrheitsentscheidungen durch sogenannte Besetzungsmaßnahmen verhindern will. Oft wird dies mit dem Recht auf Demonstrationsfreiheit begründet. Ja, die Demonstrationsfreiheit ist ein hohes Gut und gerade in einer offenen und auf Meinungsbildung angewiesenen Demokratie gehört die Demonstration zum Wesen einer solchen freiheitlichen Gesellschaft. Ohne diese Demonstrationsfreiheit wären viele Freiheitsbewegungen in der Geschichte gescheitert, auch jüngst die in der arabischen Welt. Deswegen verteidigt jeder, der die Freiheit liebt, gerade dieses Recht. Missbraucht wird es aber dann, wenn es durch Nötigung und Einsatz von Gewalt Entscheidungen verhindern will, die nach demokratischen Spielregeln gefallen sind. Hier haben wir es mit einem Fall zu tun, dass die Freiheit, die gewährt wird, ausgenutzt wird zur Umsetzung einer eigenen Freiheit, die unverantwortlich handelt. Das ist aber genau nicht die Freiheit in Verantwortung, von der eine Demokratie lebt. Diejenigen, die beispiels-

OHNE DIESE DEMONSTRATIONSFREIHEIT WÄREN VIELE FREIHEITSBEWEGUNGEN IN DER GESCHICHTE GESCHEITERT, AUCH JÜNGST DIE IN DER ARABISCHEN WELT.

weise eine breite Mehrheit in einem Volksentscheid nicht akzeptieren, sondern die Umsetzung dieses Volksentscheids durch Besetzungsmaßnahmen verhindern wollen, indem sie sich auf ihre eigene Freiheit berufen, sind Feinde der Freiheit.

Mit diesen wenigen Beispielen sollte nur angedeutet werden, dass die ganzen theoretischen Überlegungen zum befreiten Menschen Auswirkungen in der Lebenswirklichkeit haben und auch haben müssen.

IHR ABER, LIEBE BRÜDER, SEID ZUR FREIHEIT BERUFEN! ALLEIN SEHT ZU, DASS IHR DURCH DIE FREIHEIT DEM FLEISCH NICHT RAUM GEBT, SONDERN DURCH DIE LIEBE DIENE EINER DEM ANDERN. DENN DAS GANZE GESETZ WIRD IN EINEM WORT ERFÜLLT, IN DEM: LIEBE DEINEN NÄCHSTEN WIE DICH SELBST

DIE FREIHEIT IM NETZ ALS AKTUELLE BEWÄHRUNG DER FREIHEIT

„Freiheit im Netz“ ist zu einem der großen Schlagwörter unserer aktuellen politischen Diskussion geworden. Die Debatte über die Freiheit im Netz hat sogar eine neue politische Partei entstehen lassen.

Unbestritten ist, dass das Internet zu einem Mehr an Freiheit, zu einem Mehr an Kommunikationsfreiheit geführt hat. Dies ist ein Wert an sich. Die Menschen können unmittelbarer als je zuvor miteinander kommunizieren – in ihren Ländern, über Ländergrenzen und Kontinente hinweg. Sie können ohne Zensur auf Missstände hinweisen. Wir haben es zum Beispiel an der Freiheitsbewegung in Ägypten gesehen, wie sich Oppositionelle über das Internet organisiert haben. Und von den Kämpfen aus Syrien erreichen uns über das Internet Bilder, die uns nicht nur erschüttern, sondern auch politische Reaktionen der internationalen Staatengemeinschaft auslösen. Keine Diktatur kann sich heute mehr sicher sein: Die Freiheit im Netz bedroht sie. Deshalb unternehmen Diktaturen heutzutage große Anstrengungen, um die freiheitlichen Bewegungen im Internet, durch die sie sich gefährdet fühlen, zu unter-

UNBESTRITTEN IST, DASS DAS INTERNET ZU EINEM MEHR AN FREIHEIT, ZU EINEM MEHR AN KOMMUNIKATIONSFREIHEIT GEFÜHRT HAT.

drücken. Das Internet ist ein Beschleuniger von mehr Demokratie. Es garantiert allerdings nicht, dass sich am Ende auch wahre Demokratie durchsetzt.

Aber auch in einer gefestigten Demokratie wie der unsrigen können sich Verbraucher und Nutzer über das Internet in Foren schnell und unmittelbar über Produkte austauschen, können sich Bürger am politischen Meinungsbildungsprozess beteiligen und sich in Windeseile per Internet zum Beispiel zu Demonstrationen zusammenfinden. Über das Internet wird Politik gemacht, das Internet beeinflusst politische Diskussionen und verändert auch den politischen Prozess an sich. Auch dies ist ein Ausdruck von Freiheit.

Allerdings erleben wir bisweilen im Internet auch, wie mit verbalen Auseinandersetzungen in ungewöhnlicher Schärfe und streckenweise auch beklemmend beleidigender Wortwahl eine Freiheit gefordert wird, die die Verantwortung völlig ausblendet. Dies erinnert mehr an den Freibrief, der gerade ja nicht Freiheit bedeutet, sondern nur eigene Interessen kennt. Dabei verschieben sich leicht die Koordinaten zur Beurteilung, was richtig und was falsch ist. Besonders dramatisch wird die Situation dadurch, dass dieses neue Freiheitsverständnis die virtuelle und die reale Welt voneinander trennt.

Dabei stellen sich einige Fragen:
Der Diebstahl einer CD im Supermarkt ist ein Straftatbestand. Das Herunterladen und Kopieren des Inhalts dieser CD, ohne dafür einen Geldbetrag zu bezahlen, soll aber ungeahndet bleiben. Warum nur? Einfach deshalb, weil es im Netz die Freiheit geben muss. Zu Recht wehren sich all diejenigen, die mit ihrer geistigen Arbeit diese Produkte erst ermöglichen und davon auch leben. Wir bekämpfen auf der ganzen Welt Produktpiraterie, weil wir von den von unseren Ingenieuren, Designern und Erfindern geschaffenen Produkten leben. Deshalb müssen wir auch die Werke der Kreativen, ihr geistiges Eigentum, schützen, weil es sie sonst über kurz oder lang nicht mehr geben wird.

DER DIEBSTAHL EINER CD IM SUPERMARKT IST EIN STRAFTATBESTAND. DAS HERUNTERLADEN UND KOPIEREN DES INHALTS DIESER CD, OHNE DAFÜR EINEN GELDBETRAG ZU BEZAHLEN, SOLL ABER UNGEAHNDET BLEIBEN. WARUM NUR?

Für die Frage, wie wir dies im Netz regeln müssen, gibt es noch keine abschließende Antwort. Klar muss nur sein, dass wir uns einem falsch verstandenen Freiheitsbegriff von Ausbeutung nicht beugen dürfen. Wenn wir hier nicht konsequent die Interessen derjenigen schützen, die Inhalte produzieren, wird es nicht mehr lange dauern, bis Freiheit im Netz auch heißt, das Netz frei nutzen zu können.

Aus dem soeben Gesagten ergeben sich einige Grundsätze:

Erstens: Dinge, die in der analogen Welt verboten sind, dürfen in der digitalen Welt nicht einfach zugelassen werden. Auch die Freiheit des Internets hat ihre Grenzen in den Rechten Dritter. Die häufig eingeforderte vollständige Freiheit passt nicht mit dem – oft gleichzeitig eingeforderten – totalen Verbraucherschutz zusammen. Klar ist aber auch: Dabei können wir die Mechanismen der analogen Welt nicht immer eins zu eins auf die digitale Welt übertragen. Wir brauchen wohldosierte und zielgenaue Regeln.

Zweitens: Der Urheberrechtsschutz ist wichtig. Urheber müssen von ihren geistigen Leistungen auch leben können. Sonst schwächen wir Kreativleistungen und ihre Verbreitung. Mit anderen Worten: Für unautorisierte Gratis-Angebote im Internet zahlen wir langfristig einen hohen Preis. Die Freiheit im Internet darf nicht als Entrechtung der Kreativen missverstanden und missbraucht werden.

Gerade dieses Thema treibt mich in jüngster Zeit ziemlich um. Bekanntermaßen lebt der Mensch nicht vom

Brot allein. Der Satz aus der Heiligen Schrift ist ein geläufiges Sprichwort. Den Menschen befriedigen nicht nur die materiellen Güter. Er sehnt sich nach mehr, ist er doch ein Kulturwesen. Er findet Erfüllung in der Musik, in den bildenden Künsten und der Literatur. Die Künstler sind es, die uns das „Brot für den Kopf" liefern. Eine Gesellschaft braucht also die Kultur, will sie dem Wesen des Menschen entsprechen. Darum fördert der Staat die Künste nachhaltig. Noch wichtiger als die Subventionierung ist jedoch im Zeitalter des Internets etwas anderes. Wir müssen die Grundlagen erhalten, dass ein Künstler von seiner Arbeit leben kann.

DABEI SOLLTE DAS INTERNET NICHT ALS GEGENSPIELER DER KULTUR ANGESEHEN WERDEN. DAS INTERNET IST EIN WISSENSMOTOR. NIE WAR WISSEN LEICHTER ABZURUFEN ALS ÜBER DAS NETZ. ÜBER DAS INTERNET WIRD KULTUR VERBREITET.

Diese Basis ist das Urheberrecht. Es garantiert zwar nicht das Auskommen der Künstler, ist aber notwendige Voraussetzung dafür. Deshalb kann ich die Künstler, Schriftsteller, Musiker und Wissenschaftler nur allzu gut verstehen, die mittlerweile so vehement den Schutz ihres geistigen Eigentums auch für die Verbreitung im Internet einfordern. Eine reine Gratiskultur darf es im Netz nicht geben. Jeder Musiktitel, jedes Gedicht, jedes Bild, jeder Film und jedes Buch ist ein Werk, das Respekt verdient. Dieser Respekt, diese Achtung vor der geistigen Leistung, die damit verbunden ist, beinhaltet, dass jeder Kreative voll über das verfügen können muss, was er geschaffen hat. Derjenige, der ein Werk nutzen will, muss dafür dem Urheber grundsätzlich etwas zahlen. Diese Prinzipien müssen weiter gelten – auch dann, wenn aufgrund immer neuer Geschäftsmodelle im Internet das Urheberrecht vor ständig neuen Herausforderungen steht. Notwendig sind Lösungen, die zeitgemäßen Schutz von Werken ermöglichen. Dabei muss abgewogen werden zwischen dem Schutz des geistigen Eigentums und der Freiheit des Internets. Beide Werte sind wichtig und müssen zu einem Ausgleich gebracht werden, müssen ausgesöhnt werden.

Dabei sollte das Internet nicht als Gegenspieler der Kultur angesehen werden. Das Internet ist ein Wissensmotor. Nie war Wissen leichter abzurufen als über das Netz. Über das Internet wird Kultur verbreitet. Es ist ein Medium, das wie kein anderes die Popularität von Künstlern fördern kann – auch ohne riesige Werbeetats. Lieder werden heute zum Beispiel allein dadurch bekannt, dass sie im Internetportal YouTube eingestellt werden. Über Facebook tauschen sich die Nutzer über die neuesten Musiktrends aus. Im Netz werden Stars gemacht. Nicht allein die Musikverlage entscheiden mehr, wer bekannt wird. Die Basis übernimmt das. Früher hätte man gesagt: „Abstimmung mit den Füßen." Heute würde man sagen: „Abstimmung per Mausklick." Das Internet ist Teil der heutigen Kultur.

Dies bringt mich drittens – Stichwort „Kultur" – zu einem letzten Punkt: Wir wollen keine Sprachverkümmerung. Und wir wollen gebührenden Respekt in der elektronischen Kommunikation. Der Stil, der bisweilen in der digitalen Kommunikation gewählt wird – häufig im Schutz der Anonymität –, ist schlichtweg nicht in Ordnung. Hämische, ehrverletzende und beleidigende Kommentare bleiben im weltweiten Netz auf Dauer präsent, werden immer wieder aufs Neue perpetuiert. Dies hat nichts mit „Freiheit im Netz" zu tun, denn die anonym geübte Kritik scheut die Verantwortung. Die Formen des Umgangs miteinander sollten daher in der digitalen Welt und in der analogen Welt nicht auf unterschiedlichen Standards basieren.

DIE FORMEN DES UMGANGS MITEINANDER SOLLTEN DAHER IN DER DIGITALEN WELT UND IN DER ANALOGEN WELT NICHT AUF UNTERSCHIEDLICHEN STANDARDS BASIEREN.

Wer zu diesen Grundsätzen steht, ist noch lange kein „Nein“-Sager oder gar ein Fortschrittsverweigerer – im Gegenteil: Diese Grundsätze bedeuten ein „Ja“ zum Netz mit seinen faszinierenden Möglichkeiten und sie zeigen uns den Weg auf, wie wir diese Möglichkeiten nutzen und Chancen geltend machen können, ohne dabei den hohen Wert der Eigenverantwortung, der Verantwortung für das eigene Tun und Lassen und der Verantwortung für die Mitmenschen aus den Augen zu verlieren. „Freiheit in Verantwortung“ ist daher auch eine gute Richtschnur für die digitale Zukunft.

IHR ABER, LIEBE BRÜDER, SEID ZUR FREIHEIT BERUFEN! ALLEIN SEHT ZU, DASS IHR DURCH DIE FREIHEIT DEM FLEISCH NICHT RAUM GEBT, SONDERN DURCH DIE LIEBE DIENE EINER DEM ANDERN. DENN DAS GANZE GESETZ IST IN EINEM WORT ERFÜLLT, IN DEM: LIEBE DEINEN NÄCHSTEN WIE DICH SELBST.

FREIHEIT UND NÄCHSTENLIEBE

Der Wert der Freiheit liegt, im christlichen Sinne verstanden, auch darin, dass sie verbunden ist mit dem Aufruf zur Nächstenliebe. Der Gedanke der Nächstenliebe ist geprägt von der Gottesebenbildlichkeit des Menschen. Dieser Gedanke kann helfen, dass ich den anderen nicht nur als Opfer oder Objekt von mildtätigen Bemühungen sehe und verstehe, sondern in ihm auch den mündigen und freiheitsbegabten Menschen erkenne. Ein Aspekt der Nächstenliebe ist der des Teilens. Teilen ist zutiefst menschlich. Augustinus hat es einmal so formuliert:

Die Liebe allein versteht das Geheimnis, andere zu beschenken und dabei selbst reich zu werden.

Teilen macht uns Menschen, die wir alle in Beziehungen leben, also nicht ärmer, sondern es macht uns reicher. Es macht uns reicher, weil wir uns dabei selbst einbringen und dabei selbst gefordert sind.
Wenn nun Paulus im Galaterbrief den Ausruf „Ihr seid zur Freiheit berufen!" in unmittelbaren Zusammenhang mit dem Gebot „Liebe deinen Nächsten wie dich selbst" stellt (Galater 5,13-14), so liegt darin der Kern der christlichen Botschaft. Der Apostel mahnt im gleichen Atemzug, die Freiheit nicht als Freibrief für hem-

mungslose Ichsucht, für selbstsüchtiges und liebloses Verhalten misszuverstehen: Nehmt die Freiheit nicht zum Vorwand für das Fleisch, sondern dient einander in Liebe. Wenn er davon spricht, nicht dem Fleische Raum zu geben, so bezeichnet „Fleisch“ den menschlichen Körper mit seinen Schwächen – im Unterschied zum Geist („Der Geist ist willig, aber das Fleisch ist schwach“, Matthäus 26,41). Auch soll die Freiheit den Schwachen nicht zum Anstoß werden (vgl. 1. Korinther 8,9). Freiheit ist also keineswegs grenzenlose Selbstverwirklichung. Sie ist immer auf den Mitmenschen bezogen und durch den Mitmenschen begrenzt. Deshalb kommt im Galaterbrief postwendend die eindringliche Mahnung und Erinnerung an das Gebot, den Nächsten zu lieben wie sich selbst. Dabei kann sich Paulus direkt auf Jesus Christus berufen. Denn Jesus hatte einem Schriftgelehrten, der ihn mit der Frage „Lehrer, welches ist das größte Gebot im Gesetz?“ auf die Probe stellen wollte, geantwortet (vgl. Matthäus 22,34-39): „ ‚Du sollst den Herrn, deinen Gott, lieben mit deinem

FREIHEIT IST ALSO KEINESWEGS GRENZENLOSE SELBSTVERWIRKLICHUNG. SIE IST IMMER AUF DEN MITMENSCHEN BEZOGEN UND DURCH DEN MITMENSCHEN BEGRENZT.

ganzen Herzen und mit deiner ganzen Seele und mit deinem ganzen Verstand.‘ Das ist das größte und erste Gebot. Das zweite aber ist ihm gleich: ‚Du sollst deinen Nächsten lieben wie dich selbst‘ “ (ELB). Damit hat Jesus zweierlei getan: Er hat nicht nur Gottes- und Nächstenliebe untrennbar zusammengefasst, sodass die Gottesliebe zum Maßstab und zur Voraussetzung für die Nächstenliebe geworden ist. Er hat auch die vom Alten Testament und Judentum vorgegebene Grenze, wer als Nächster anzusehen ist (Angehörige des Volkes Israel, gesetzestreue Juden und zum Judentum übergetretene Heiden), aufgebrochen. Weil Gott alle Menschen ohne Einschränkung liebt, kann nicht mehr der Mensch das Recht haben, zu bestimmen, wer noch Nächster ist und wer nicht mehr. In der Erzählung vom barmherzigen Samariter (vgl. Lukas 10,29-37) hat Jesus dies seinen Zuhörern exemplarisch verdeutlicht. Der Samariter, Angehöriger eines mit den Juden in Trennung lebenden Volkes, kam als Einziger dem unter die Räuber gefallenen Mann zur Hilfe und wird ihm so zum Nächsten. Und die

WEIL GOTT ALLE MENSCHEN OHNE EINSCHRÄNKUNG LIEBT, KANN NICHT MEHR DER MENSCH DAS RECHT HABEN, ZU BESTIMMEN, WER NOCH NÄCHSTER IST UND WER NICHT MEHR.

Erzählung endet mit der Aufforderung Jesu: „Geh hin und tu desgleichen“ (LUT). Damit enthält die weithin bekannte biblische Erzählung das uns von Jesus Christus aufgetragene Gebot der Nächstenliebe, das in der Gottesebenbildlichkeit des Menschen und der Verantwortung des Menschen vor Gott gründet. Diese Kultur der Barmherzigkeit gehört auch in einer weithin säkularisierten Welt zum Kern der Kultur unseres Landes und zum Kern der Kultur Europas.

DAS DOPPELGEBOT DER LIEBE FORMULIERT EINEN GANZ ENORMEN ANSPRUCH.

Das Doppelgebot der Liebe formuliert einen ganz enormen Anspruch. Ja, wir haben unsere Freiheit empfangen, weil Gott uns als freie Menschen geschaffen hat. Aber wir haben auch eine damit einhergehende Verantwortung, die zunächst einmal voraussetzt, dass jeder Einzelne Eigenverantwortlichkeit lebt. Es lohnt sich, diesem Gedanken etwas näher nachzugehen.

Wir sprechen heute bisweilen von der Personalität des Menschen als einem Grundprinzip der Gesellschaft. Der Mensch ist nicht, wie es der Liberalismus sieht, autonom und ein Nutzenmaximierer, der lediglich aus rationalen Überlegungen heraus mit anderen Menschen zusammenarbeitet und auch Regeln und Gesetze nur aus Nutzenüberlegungen heraus einhält. Das ist der Grundirrtum des Liberalismus, dass er die Menschen beinahe beziehungslos nebeneinandersetzt. Personalität indes meint: Der Mensch ist schon durch die Tatsache der Schöpfung auf den anderen Menschen existenziell verwiesen; er ist Teil eines Ganzen. Das ist ein beruhigender Gedanke, denn ihm wohnt das Geborgensein des Menschen vom Anfang bis zum Ende inne. Wir sind nicht alleine und als einzelne, beziehungslose Einheiten geschaffen. Wir sind vielmehr als Menschen Teil eines sinn- und zweckhaften Ganzen. Erst aus dieser Erkenntnis wird auch das Wort sinnvoll, den Nächsten zu lieben wie sich selbst. Paulus sagt hier: Die Eigenliebe ist die Voraussetzung der Nächstenliebe.

WIR SIND NICHT ALLEINE UND ALS EINZELNE, BEZIEHUNGSLOSE EINHEITEN GESCHAFFEN. WIR SIND VIELMEHR ALS MENSCHEN TEIL EINES SINN- UND ZWECKHAFTEN GANZEN.

Was bedeutet das?

Eigenliebe in diesem Zusammenhang heißt nicht Selbstsucht, nicht Egoismus, sondern bedeutet zunächst, dass der Mensch sich mit sich selbst auseinandersetzen muss. In der griechischen Philosophie gab es die Mahnung: Erkenne dich selbst! Das ist hier gemeint, das Er-

kennen des Ichs als eine moralische Einheit, die in einem größeren Zusammenhang steht. Der Mensch muss sich als Person erkennen und annehmen. Er muss sich seiner Seinsbezüge bewusst sein. Das erfordert eine geistige Anstrengung: Nicht einfach „eben mal so“ sein Leben zu leben, sondern sich seiner geistigen Fähigkeiten bewusst zu sein und sie zu nutzen.
Daran knüpfen zwei grundlegende Fragen an:
Die erste Frage lautet: Was bin ich? Diese Frage beantwortet der Mensch in der Reflexion seiner Herkunft, seiner Existenz und seines Zwecks. Der Mensch ist „Bürger zweier Welten“, so hat es Immanuel Kant einmal formuliert. Zum einen ist der Mensch der materiellen Natur unterworfen: Er ist körperhaft, endlich, er ist ein Teil der Natur. Aber das ist nur die halbe Wahrheit. Er ist gleichzeitig auch Geist, auf die Transzendenz hin orientiert, in der Transzendenz wurzelnd. Er ist Subjekt, er ist Bewusstsein, das zur Freiheit ermächtigt ist. Beide Teile des Menschen, also sowohl seine Naturhaftigkeit als auch seine Spiritualität,

BEIDE TEILE DES MENSCHEN, ALSO SOWOHL SEINE NATURHAFTIGKEIT ALS AUCH SEINE SPIRITUALITÄT, MACHEN IN IHREM ZUSAMMENSPIEL DAS WESEN DES MENSCHEN AUS.

machen in ihrem Zusammenspiel das Wesen des Menschen aus.

Die zweite Frage lautet: Wer bin ich? Jeder Mensch ist als Person unverwechselbar und einzigartig. Jeder Mensch ist im christlichen Glauben Ebenbild des Schöpfers. Das macht seine besondere Würde aus: dass er nicht im Materiellen aufgeht, im Materiellen vergeht, sondern die individuelle Substanz einer vernunftbegabten Schöpfung ist. Er reicht über die Vergänglichkeit seines körperlichen Lebens hinaus. Das hat er mit anderen Menschen gemeinsam. Dieses zu erkennen und anzuerkennen, es für sich zu akzeptieren, ist die Eigenliebe, von der Paulus spricht: Es ist die im Glauben und in der Vernunft begründete Reflexion über seine eigenen Seinsgründe. Erst dann, wenn der Mensch sich selbst angenommen hat, kann er seine Mitmenschen annehmen und lieben wie sich selbst: als Mitgeschöpfe, als Teile eines Ganzen, vernunftbegabt wie er selbst.

NÄCHSTENLIEBE MEINT NICHT DIE BEDINGUNGSLOSE HINGABE AN DEN NÄCHSTEN, DAS AUFOPFERN, SONDERN ES IST ZUNÄCHST EIN GEISTIGER AKT DER HINWENDUNG ZUM NÄCHSTEN ALS ERGEBNIS EINER REFLEXION ÜBER DIE EIGENEN SEINSGRÜNDE.

Nächstenliebe meint also nicht die bedingungslose Hingabe an den Nächsten, das Aufopfern, sondern es ist zunächst ein geistiger Akt der Hinwendung zum Nächsten als Ergebnis einer Reflexion über die eigenen Seinsgründe. Sie bedeutet nicht lediglich karitatives Geben, sondern erfordert mehr. Sie erfordert ein Bewusstsein der Gleichheit in Gott, der Würde jedes einzelnen Menschen als Person.

Zugegeben, das ist sicherlich eine ideale Situation, denn in einer Welt, in der alle Menschen in vollkommener Art und Weise den Nächsten wie sich selbst liebten, bräuchte es keine Gesetze und keine Regeln. Paulus ist dies bewusst. Der Mensch ist zur Freiheit befreit, aber gleichzeitig der Sündhaftigkeit unterworfen. Er kann zwischen Gut und Böse wählen. Keiner kann ihn zwingen, aus Einsicht das Gute zu wählen. Er kann aus der Bequemlichkeit heraus das Gute verfehlen, er kann aus einer übersteigerten Ichsucht heraus das Böse wählen, weil es die Befriedigung der materiellen Wünsche verspricht. Deswegen ist das Gesetz, also eine Ordnung, immer noch notwendig. Nächstenliebe alleine tut es nicht. Sie ist eine regulative Idee, im Menschen zwar angelegt, aber durch die Struk-

ES GEHT NICHT UM FREIHEIT VON ETWAS, SONDERN UM FREIHEIT FÜR ETWAS.

turdefizite der menschlichen Existenz vermutlich nie vollkommen erreichbar. Menschliches Leben steht in der Gefahr des Scheiterns. Es ist geschichtlich offen. Leben ist Risiko, ist Wagnis.

Trotzdem oder gerade vielleicht deshalb können und dürfen wir unseren Blick nicht nur auf unser eigenes Lebensumfeld begrenzen. In einer immer stärker individualistischen Gesellschaft geht es auch immer mehr selbstbezogen zu. Wir sprechen von Selbstbestimmung, Selbstverwirklichung, Selbstfindung und Selbsterfahrung. Keine Frage, dies sind alles legitime Ansprüche an das eigene Leben. Es darf sich darin aber nicht erschöpfen! Es geht nicht um Freiheit von etwas, sondern um Freiheit für etwas. Für uns Christen bedeutet dies, dass wir „uns nicht in einem bloß privaten Glauben verstecken, sondern die gewonnene Freiheit verantwortlich gestalten". So hat es Papst Benedikt XVI. in seiner Predigt in Erfurt am 24. September 2011 ausgedrückt. Hierzu hat jeder von uns seine Berufung empfangen. Jede und jeder an seiner Stelle. Nicht der Rückzug ins Private kann für uns Christen der Maßstab sein, sondern die Hinwendung zum Mitmenschen, die Übernahme von Verantwortung in Familie, Beruf, Gesellschaft, Kirche und Politik, um das Leben in unseren Familien, in den verschiedensten Gruppierungen, in Kirche, Staat und Gesellschaft mitzugestal-

ten und es lebenswerter zu machen. Wer nicht handelt, wird behandelt werden!
An den Schluss dieser Überlegungen möchte ich ein Zitat von Frère Roger Schutz, den Begründer der ökumenischen Gemeinschaft von Taizé, stellen. In seiner unübertrefflichen Art hat er zur Bedeutung der Nächstenliebe für unser Leben gesagt:

„Wir mögen wunderbare Werke vollbringen, zählen werden nur jene, die der barmherzigen Liebe Christi in uns entspringen. Am Abend unseres Lebens wird es die Liebe sein, nach der wir beurteilt werden, die Liebe, die wir allmählich in uns haben wachsen und sich entfalten lassen, in Barmherzigkeit für jeden Menschen in der Kirche und in der Welt."

aus: Frère Roger: Im Heute Gottes leben. Herderbücherei Bd. 591, Freiburg im Breisgau 1976.

DIE FREI MACHENDE WAHRHEIT

IHR ABER, LIEBE BRÜDER, SEID ZUR FREIHEIT BERUFEN! ALLEIN SEHT ZU, DASS IHR DURCH DIE FREIHEIT DEM FLEISCH NICHT RAUM GEBT, SONDERN DURCH DIE LIEBE DIENE EINER DEM ANDERN. DENN DAS GANZE GESETZ WIRD IN EINEM WORT ERFÜLLT, IN DEM: LIEBE DEINEN NÄCHSTEN WIE DICH SELBST

Im Alltag begegnen uns die Worte des Evangeliums gewöhnlich nur verkürzt. Ich habe an der Universität Freiburg studiert. Dort befindet sich an der geschwungenen roten Sandsteinfassade des Kollegiengebäudes I über den großen Fenstern der Aula in vergoldeten Buchstaben ein bruchstückhafter Satz aus dem Johannesevangelium: „Die Wahrheit wird euch frei machen" (Johannes 8,32). Wer sich allerdings mit der Baugeschichte etwas näher befasst, wird feststellen, dass die Wahl des Universitätsmotivs zwar von der Bibelstelle inspiriert war, in Zeiten des Kulturkampfs und des Antimodernismusstreits letztlich jedoch von der biblischen Herkunft losgelöst war. „Wahrheit" bedeutet in diesem Kontext „Wissen". So beschreibt unter jenen säkularen Vorzeichen dieser Vers aus dem Johannesevangelium als Leitsatz für eine Universität dann auch das große emanzipatorische Anliegen der Aufklärung: den Ausgang des Menschen aus seiner selbst verschuldeten Unmündigkeit (Kant).

Wir sind heute mehr denn je eine Wissensgesellschaft. Unsere Universitäten sind vielfach exzellent, Wissen ist jederzeit abrufbar, das Vertrauen in exakte Wissenschaften ist groß. Wissen befähigt den Menschen zur Abstraktion, zur Begründung von Theorien, zu geistigen Höhenflügen und Erfindungen. Durch die wissenschaftliche Einsicht und Erkenntnis von Naturgesetzen wird uns Menschen die Beherrschung der Natur erst möglich und wir können sie uns dienstbar machen. Indem wir historische und politische Zusammenhänge wissenschaftlich untersuchen, können wir Vergangenes verstehen, die Gegenwart deuten und unser gesellschaftliches Zusammenleben in einer sich rasch verändernden Welt gestalten. Wissen ermöglicht uns Menschen also die Einsicht in Abläufe und Zusammenhänge, um dadurch die Fesseln der Unmündigkeit abzustreifen und schließlich gestaltend in die Zusammenhänge der Welt eingreifen zu können. Wissen ist daher Macht. Und diese Macht kann frei machen – frei von überkommenen Traditionen, falschen Autoritäten und unbewussten Verhaltensweisen. Gleichzeitig kann sich der Mensch von dieser Macht auch leicht verführen lassen. Das Streben nach Wissen kann dann umschlagen in die wahnhafte Vorstellung einer absoluten Erkenntnis und Allwissenheit. Berauscht von dem ungeheuren Zuwachs an Möglichkeiten, der mit der Entfaltung der Wissenschaft einhergeht, kann der Mensch gegenwärtig leicht dem Gedanken erliegen, er kön-

DAS STREBEN NACH WISSEN KANN UMSCHLAGEN IN DIE WAHNHAFTE VORSTELLUNG EINER ABSOLUTEN ERKENNTNIS UND ALLWISSENHEIT.

ne sein Schicksal selbst in die Hand nehmen und sich von allen Übeln lösen. Manche dieser Auswüchse ließen sich bei der einen oder anderen bioethischen Debatte der vergangenen Jahre erleben. Die Möglichkeiten der modernen Medizin bieten ohne Frage viele Chancen auf Heilung. Sie beinhalten aber dann enorme Risiken, wenn der Mensch meint, in den göttlichen Schöpfungsplan eingreifen zu müssen.

Dem christlichen Glauben liegt diese Art der Verherrlichung des Menschen fern. Ein Gedanke, der ihn maßgeblich prägt, ist der Gedanke der Fehlbarkeit des Menschen, die notwendig mit der ihm von Gott verliehenen Freiheit verbunden ist. Wenn der Apostel Paulus in seinem Brief an die Galater schreibt, der Mensch ist „zur Freiheit befreit" (Galater 5,1), dann meint das auch: Gott hat dem Menschen die Fähigkeit gegeben, zwischen Gut und Böse zu unterscheiden und eine Wahl zu treffen. Aus dieser Befähigung erwächst die Möglichkeit zum Irrtum. Der Mensch ist unvollkommen und folglich damit auch nur unvollkommen in der Lage, die Welt zu erkennen und zu gestalten. Niemals kennen wir die Zukunft ganz, selten überblicken wir die Konsequenzen unseres Handelns vollständig. Oftmals stellt sich erst im Rückblick und mit großem zeitlichen Abstand heraus, ob wir die richtige Wahl getroffen haben.

Im Johannesevangelium ist die Befreiung des Menschen an eine Bedingung geknüpft. Daher lohnt es sich, den Bibelvers in seinem ganzen Zusammenhang zu lesen. In der Lutherübersetzung lautet die Stelle: „Da sprach nun Jesus zu den Juden, die an ihn glaubten: Wenn ihr bleiben werdet an meinem Wort, so seid ihr wahrhaftig meine Jünger und werdet die Wahrheit erkennen, und die Wahrheit wird euch frei machen“ (Johannes 8,31-32; LUT). In leicht abgewandelter Form findet sich dieser Gedanke übrigens auch an anderer Stelle des Johannesevangeliums: „Wenn ihr in mir bleibt und meine Worte in euch bleiben, werdet ihr bitten, was ihr wollt, und es wird euch widerfahren“ (Johannes 15,7). Letztlich sind es also Glaube und Nachfolge, die frei machen. „Wahrheit“ bedeutet an dieser Stelle nichts Geringeres als den wahrhaftigen Gott, zu dem wir Zugang nur im Glauben an Jesus Christus finden. Die Freiheit hat daher einen Namen: Jesus Christus. Er, der menschgewordene Gott, verkündet nicht nur die Wahr-

LETZTLICH SIND ES ALSO GLAUBE UND NACHFOLGE, DIE FREI MACHEN. „WAHRHEIT“ BEDEUTET AN DIESER STELLE NICHTS GERINGERES ALS DEN WAHRHAFTIGEN GOTT, ZU DEM WIR ZUGANG NUR IM GLAUBEN AN JESUS CHRISTUS FINDEN.

heit, er ist die Wahrheit. So sagte er beim Abschied von seinen Jüngern die für viele Menschen recht provokanten Worte: „Ich bin der Weg und die Wahrheit und das Leben; niemand kommt zum Vater außer durch mich" (Johannes 14,6). Durch Jesus Christus sind wir befreit oder, um es mit den Worten von Dietrich Bonhoeffer zu sagen, „herausgerissen [...] aus der Gefangenschaft im eigenen Ich". Das ist das zentrale Thema des Evangeliums nach Johannes. Es verweist an dieser Stelle darauf, dass der Mensch nicht durch den Menschen, nicht durch sich selbst, sondern allein durch Gott erlöst werden kann.

FÜR MICH BEDEUTEN DIESE WORTE, IM LEBEN HIER UND JETZT GLAUBEND AUF DIE VOLLENDUNG BEI GOTT ZU HOFFEN UND DABEI MEINEN WEG DER VORLETZTEN DINGE ZU GEHEN, DEN AUFGABEN UND PFLICHTEN IN DIESER WELT NACHZUKOMMEN, SIE ANZUNEHMEN UND GEWISSENHAFT ZU ERFÜLLEN.

Dieses Wissen um die Erlösungsbedürftigkeit des Menschen kann uns in unserem eigenen Leben helfen. Die christliche Hoffnung auf die zukünftige Heilsvollendung schützt vor Überforderung und ermöglicht eine gewisse Grundgelassenheit – gerade auch beim politischen Handeln. Dietrich Bonhoeffer hat in

seiner „Ethik" die Unterscheidung von den letzten und den vorletzten Dingen getroffen und dabei zugleich den besonders engen Zusammenhang zwischen Vorletztem und dem Letzten hervorgehoben. So schreibt der am 9. April 1945 von den Nationalsozialisten hingerichtete evangelische Theologe: „Nur Christus bringt uns das Letzte, die Rechtfertigung unseres Lebens vor Gott, dennoch oder vielmehr darum bleibt uns das Vorletzte nicht abgenommen und erspart. Das Vorletzte wird verschlungen vom Letzten und doch behält es seine Notwendigkeit und sein Recht, solange die Erde steht." Und weiter formuliert Bonhoeffer eine tiefe Weisheit unseres christlichen Glaubens: „Christliches Leben ist der Anbruch des Letzten in mir, das Leben Jesu Christi in mir. Es ist aber immer auch Leben im Vorletzten, das auf das Letzte wartet. Der Ernst des christlichen Lebens liegt allein im Letzten, aber auch das Vorletzte hat seinen Ernst, der freilich gerade darin besteht, das Vorletzte niemals mit dem Letzten zu verwechseln, das Vorletzte gegenüber dem Letzten für Scherz zu halten, damit das Letzte – und das Vorletzte – seinen Ernst behalte."
Für mich bedeuten diese Worte, im Leben hier und jetzt glaubend auf die Vollendung bei Gott zu hoffen und dabei meinen Weg der vorletzten Dinge zu gehen, den Aufgaben und Pflichten in dieser Welt nachzukommen,

sie anzunehmen und gewissenhaft zu erfüllen. Dabei aber zu beachten, dass es hier auf Erden nie um endgültige Gewissheiten gehen kann und Vorletztes niemals verabsolutiert werden darf. Vielmehr haben wir es hier mit Vorläufigem zu tun, was aber keineswegs davon abhalten darf, die Dinge, die unser irdisches Wohl und Wehe betreffen, nach bestem Wissen und Gewissen zu gestalten. Kurzum: Verantwortung zu übernehmen und mit Engagement und Mut, Pflichtbewusstsein und Freude die mir gestellten Aufgaben zu bejahen, sie anzugehen und zu bewältigen. Und mir bei all meinen Aufträgen und Tätigkeiten bewusst zu sein, dass ich dabei vor Gott verantwortlich bin. Dieses Bewusstsein gibt Geborgenheit in den letzten Dingen und dadurch eine gewisse Gelassenheit in den vorletzten Dingen. Wenn es gelingt, dabei die „Beziehung auf das Letzte sichtbar" (Bonhoeffer) zu machen, ist viel erreicht. Nur durch diese Bezogenheit auf das Letzte, also „die Rechtfertigung aus Gnaden und Glauben allein" (Bonhoeffer), erhält all das Vorletzte seine eigentliche Bestimmung. Es wird uns darin also deutlich, dass über die alltäglichen Aufgaben, die Sorgen und Nöte des Alltags hinaus unser Leben ein Ziel und einen Sinn hat.

Bonhoeffer hat die leidvolle Erfahrung machen müssen, dass die politische Ideologie des Nationalsozialismus an die Stelle Gottes trat und den Anspruch erhob, nicht mehr allein von den vorletzten, sondern den letzten Dingen zu handeln. Alle Bereiche des menschlichen Lebens hatte die Ideologie durchdrungen und zu einer Verkehrung der Verhältnisse geführt, indem das Vorletzte zum Letzten verabsolutiert wurde. Immer dann, wenn eine politische Ideologie zur Ersatzreligion wurde und glaubte, den Menschen durch den Menschen erlösen zu können, ging die Freiheit verloren. Immer dann, wenn in der Politik nicht mehr um Interessen, sondern um einen Absolutheitsanspruch und die Seele der Menschen gerungen wurde, ging die Freiheit verloren. Gerade die Geschichte des 20. Jahrhunderts lehrt uns, dass der Versuch, das Paradies auf Erden zu schaffen, die Erde in eine Hölle verwandelt hat. Diese innerweltlichen Heilsversprechen haben letztlich zu Unfreiheit geführt, weil der „neue Mensch" notfalls auch erzwungen werden musste.

GERADE DIE GESCHICHTE DES 20. JAHRHUNDERTS LEHRT UNS, DASS DER VERSUCH, DAS PARADIES AUF ERDEN ZU SCHAFFEN, DIE ERDE IN EINE HÖLLE VERWANDELT HAT.

Diesen innerweltlichen Heilsversprechen setzen wir Christen das Heilsversprechen eines gütigen Gottes entgegen. Im Vertrauen auf dieses Heilsversprechen ist man weniger versucht, sich selbst absolut zu setzen, aber auch weniger versucht, an den eigenen Unzulänglichkeiten und Fehlern zu verzweifeln. Gleichwohl enthebt diese Hoffnung uns Christen nicht von einem zupackenden und zuversichtlichen Handeln in der Gegenwart. Sie ist kein Freibrief, sich zurückzulehnen. Vielmehr haben wir als Christen einen Sendungsauftrag erhalten, den Jesus Christus seinen Jüngern kurz vor seiner Verhaftung deutlich gemacht hat. Im Johannesevangelium Kapitel 15, Vers 16-17 (LUT) heißt es:

Ich habe euch erwählt und bestimmt, dass ihr hingeht und Frucht bringt und eure Frucht bleibt, damit, wenn ihr den Vater bittet in meinem Namen, er´s euch gebe. Das gebiete ich euch, dass ihr euch untereinander liebt.

Der Dienst am Nächsten – die Nächstenliebe – ist uns Christen als wichtige Aufgabe aufgetragen. Es wäre also falsch, Freiheit mit der bloßen Selbstverwirklichung zu verwechseln. Bonhoeffer hat in seiner „Ethik“ dieses „Christliche“ konkret gemacht: „In der Menschwerdung bekundet Gott sich als den, der nicht für sich selbst, sondern ‚für uns‘ da sein will. Als Mensch vor Gott zu leben angesichts der Menschwerdung Gottes kann also nur heißen, nicht für sich selbst, sondern für Gott und die anderen Menschen dazusein." Womit auch wieder der Bogen zum Galaterbrief geschlagen ist, in dem Paulus dazu aufruft, die Freiheit nicht dazu zu nutzen, „um dem Fleisch Raum zu geben", sondern den Nächsten zu lieben wie sich selbst. Es gibt keine Freiheit ohne Liebe. Indem sich die Freiheit sozusagen in der Nächstenliebe verkörpert, stellt dies die Gegenposition zu Indifferenz und individualistischem Eigennutz dar.

Wir sind also aufgerufen, für andere da zu sein, gegen Unrecht und Ungerechtigkeit einzutreten und immer wieder neu Versöhnung zu üben. Wir sind aufgefordert, die Grundlagen für ein gelingendes Leben zu schaffen und so unseren Teil zur Verbesserung der Welt zu leisten. Dabei werden wir erkennen, dass – wie es der Freiburger Erzbischof Robert Zollitsch ausgedrückt hat – ein Handeln, das den anderen mit im Blick hat, nicht die eigene Position schwächt, sondern sie vielmehr stark macht und sich auszahlt.

ES GIBT KEINE FREIHEIT OHNE LIEBE. INDEM SICH DIE FREIHEIT SOZUSAGEN IN DER NÄCHSTENLIEBE VERKÖRPERT, STELLT DIES DIE GEGENPOSITION ZU INDIFFERENZ UND INDIVIDUALISTISCHEM EIGENNUTZ DAR.

Dieser Dienst am Nächsten und am Gemeinwohl kann in vielen Formen seinen Ausdruck finden. Er kann in kleinen Gesten der Nachbarschaftshilfe bestehen. Er kann sich niederschlagen im ehrenamtlichen Engagement in Vereinen, in der Kirchengemeinde, in diakonischen Werken oder in der Politik. Ich kenne über die Parteigrenzen hinweg viele Kolleginnen und Kollegen im Deutschen Bundestag, deren Entscheidung, sich politisch zu engagieren, stark durch ihren christlichen Glauben beeinflusst ist. Als Christen verzichten wir nicht darauf, uns in die Politik im weitesten Sinne des Wortes einzuschalten und die Angelegenheiten des Staates mitzugestalten. Das Gebot zur Nächstenliebe schließt die politische Verantwortungsübernahme mit ein. Das kann in den vielfältigen und verschiedenen Initiativen auf wirtschaftlicher, sozialer, kultureller, kirchlicher und gesetzgebender Ebene geschehen. Zur Förderung des Allgemeinwohls und um unsere Gesellschaft und unser Land lebenswert zu machen.

WIR SOLLTEN DER EHRLICHKEIT HALBER AUCH IMMER DIE FEHLBARKEIT DES MENSCHEN IM AUGE BEHALTEN.

Dabei sollten wir der Ehrlichkeit halber auch immer die Fehlbarkeit des Menschen, von der weiter oben bereits die Rede war, im Auge behalten. Denn diese Fehlbarkeit des

Menschen beinhaltet notwendigerweise die Fehlbarkeit der Politik, die das Werk von Menschen ist. Auch freiheitliche Gesellschaften sind fehleranfällig. Sie unterscheiden sich aber dadurch von totalitären Systemen, dass sie ihre Fehler korrigieren können. In Anerkennung dieser Erkenntnis sollte sich die Politik in kluger Selbstbescheidung – man kann es auch Demut nennen – auf die Aufgabe beschränken, eine Ordnung zu schaffen, die es den Menschen ermöglicht, in Frieden und Freiheit mit- und nebeneinander zu leben. Oder um es noch anders zu formulieren: Das Wissen um die Unvollkommenheit des Menschen befreit im politischen Handeln nicht nur von der Gefahr des politischen Dogmatismus, es macht zugleich frei für ein sachbezogenes, vernünftiges und ideologiefreies Handeln. Aufgabe der Politik ist es danach, die Grundlagen für ein gelingendes Leben zu schaffen. Politik hat den Menschen nicht vorzuschreiben, wie sie ihr Leben konkret ausgestalten. Dies obliegt einzig und allein der individuellen Freiheit des Einzelnen. Gleichzeitig ist dies keine Entschuldigung für fehlendes politisches Handeln, sondern fordert vielmehr kluge Selbstbeschränkung, die aus der Einsicht in die Grenzen menschlicher Vernunft resultiert. Vollkommenheit ist nicht unsere Sache. Sie kann es nicht sein. Es ist die Sache Gottes. Es ist eben nur die Wahrheit, nicht die Politik, die die Menschen frei machen wird.

IHR ABER, LIEBE BRÜDER, SEID ZUR FREIHEIT BERUFEN! ALLEIN SEHT ZU, DASS IHR DURCH DIE FREIHEIT DEM FLEISCH NICHT RAUM GEBT, SONDERN DURCH DIE LIEBE DIENE EINER DEM ANDERN. DENN DAS GANZE GESETZ WIRD IN EINEM WORT ERFÜLLT, IN DEM: LIEBE DEINEN NÄCHSTEN WIE DICH SELBST

RELIGIONS-FREIHEIT – EIN MENSCHEN-RECHT

Wenn wir uns über den Wert der Freiheit Gedanken machen, so kommen wir nicht umhin, das Recht auf freie Religionsausübung zu thematisieren. Es ist das existenziellste Menschen- und Grundrecht, das wir überhaupt kennen, weil es am Kern unseres Lebens, unserer Identität rührt. Im Kanon der Menschenrechte nimmt es daher einen ganz besonderen Stellenwert ein. Woher komme ich? Welchen Sinn hat mein Leben? Wie kann ich ein gelingendes Leben führen? Wie geht es mit mir nach meinem Tod weiter? Diese Fragen und die damit zusammenhängenden religiösen Ansichten übersteigen unser irdisches Dasein und die Ordnung von Raum und Zeit. Glaubensüberzeugungen formen die Persönlichkeit eines Menschen. Sie gehören damit zu einem Bereich, den es in besonderer Weise zu schützen gilt. Jeder hat daher das Recht, die Wahrheit in einer Religion zu suchen, an der erkannten Wahrheit festzuhalten und sein Leben danach auszurichten. Dieses Recht schließt die Freiheit ein, den eigenen Glauben zu bekennen, ihn öffentlich und in Gemeinschaft auszuüben und seine Religion

GLAUBENSÜBERZEUGUNGEN FORMEN DIE PERSÖNLICHKEIT EINES MENSCHEN. SIE GEHÖREN DAMIT ZU EINEM BEREICH, DEN ES IN BESONDERER WEISE ZU SCHÜTZEN GILT.

WIE KANN ICH EIN GELINGENDES LEBEN FÜHREN?

WOHER KOMME ICH?

WELCHEN SINN HAT MEIN LEBEN?

WIE GEHT ES MIT MIR NACH MEINEM TOD WEITER?

auch wechseln zu können oder keiner Religion anzugehören. Die Freiheit des Einzelnen ist daher ohne die Freiheit in religiösen Dingen nicht denkbar. Denn das Recht auf religiöse Freiheit, auf religiös-weltanschauliche Selbstbestimmung, ist Ausdruck der menschlichen Würde. Es ist ein unveräußerliches Menschenrecht.

Die Wirklichkeit in der Welt sieht jedoch anders aus. Wie jüngste Untersuchungen belegen, leben bis zu zwei Drittel der Weltbevölkerung in Staaten, in denen Menschen ihren Glauben nicht frei wählen und leben können, weil Gesetze die Religionsfreiheit stark einschränken oder ein Klima der Gewalt, des Misstrauens und der religiösen Intoleranz herrscht. Dabei sind Christen von Bedrängnis und Verfolgung besonders häufig betroffen. In vielen Teilen der Welt ist ihre Lage dramatisch.

BIS ZU ZWEI DRITTEL DER WELTBEVÖLKERUNG LEBEN IN STAATEN, IN DENEN MENSCHEN IHREN GLAUBEN NICHT FREI WÄHLEN UND LEBEN KÖNNEN.

Denken wir nur an die Situation in Nigeria, dem bevölkerungsreichsten Land Afrikas, wo eine zunehmende Islamisierung im nördlichen Landesteil zu beobachten ist, die sich in gewalttätigen Auseinandersetzungen zwischen Christen und Muslimen entlädt. Die

Anschläge islamischer Extremisten auf christliche Kirchen markierten traurige Höhepunkte der gesellschaftlichen Spannungen. Oder Pakistan, das mit seinem sogenannten Blasphemiegesetz den Islam vor vermeintlichen Beleidigungen und Herabsetzungen schützen will. Tatsächlich wird dieses Gesetz aber zu Einschüchterungen der christlichen Minderheit missbraucht und in persönlichen Auseinandersetzungen genutzt, um mit den staatlichen Strafverfolgungsorganen zu drohen. Ganz anders ist die Situation in Ägypten, wo mit den Kopten eine christliche Minderheit besteht, die zwar auf dem Papier Religionsfreiheit genießt, deren Angehörige – immerhin etwa zehn Prozent der Bevölkerung des Landes am Nil – aber mit alltäglichen Diskriminierungen und einer zunehmenden Islamisierung der Gesellschaft konfrontiert sind. Wohin sich dort der Umbruch des „arabischen Frühlings" entwickelt, ist noch völlig offen. Viele Kopten befürchten aber für sich den Anbruch einer Eiszeit. Ein regelrechtes Martyrium haben die Christen der chaldäisch-katholischen Kirche im Irak in den letzten Jahren erleben müssen. Ein Bischof aus Bagdad, der mich in Berlin besucht hat, bezeichnete die Situation für die Christen im Irak als die „Hölle auf Erden". Viele der irakischen Christen sind daher in den Norden des Landes gezogen oder ganz ausgewandert. Manche von ihnen müssen nun erleben, dass sie in Syrien, wo sie zunächst Schutz gefunden hatten, angesichts der bürgerkriegsähnlichen Zustände vom Regen in die Traufe gekommen sind.

Die Bibelstelle, die in diesem Buch im Mittelpunkt steht, stammt aus dem Brief des Apostels Paulus an die Galater. Sie waren vermutlich die christlichen Bewohner der Landschaft Galatien, denen Paulus auf seiner zweiten und dritten Missionsreise den christlichen Glauben gebracht hat. Dieses Galatien lag im Nordteil der gleichnamigen römischen Provinz in der Gegend des heutigen Ankara, der Hauptstadt der Türkei. In diesen Gebieten, in denen erste christliche Gemeinden gegründet wurden und das Christentum eine erste große Blüte erlebt hat, sind Christen heutzutage in der Minderheit. Während in der Türkei vor 100 Jahren noch etwa 20 Prozent der Bewohner Christen waren, sind es heute gerade noch 0,2 Prozent. Anstatt diese kleine Minderheit jedoch in besonderer Weise zu schützen und zu fördern, übt der türkische Staat großen Druck auf deren kirchliche Institutionen aus. Mit restriktiven

WÄHREND IN DER TÜRKEI VOR 100 JAHREN NOCH ETWA 20 PROZENT DER BEWOHNER CHRISTEN WAREN, SIND ES HEUTE GERADE NOCH 0,2 PROZENT.

Gesetzen legt die Türkei Axt an die Wurzeln der christlichen Gemeinschaften. Dabei steht die Situation des syrisch-orthodoxen Klosters Mor Gabriel im Südosten der Türkei, dessen wirtschaftliche Existenzgrundlage durch mehrere Verfahren bedroht ist, beispielhaft für die Defizite im Bereich der Religionsfreiheit. Dies ist leider eine der schwierigen Wahrheiten, um die man beim Umgang mit der Türkei nicht umhinkommt – trotz einiger Fortschritte in den vergangenen Jahren.

Die Probleme für Christen beschränken sich aber nicht nur auf die muslimische Welt. In Indien wurden Christen im Bundesstaat Orissa im Jahr 2009 Opfer von gewalttätigen Übergriffen radikaler Hindunationalisten, die zahlreiche Menschenleben gekostet haben. Auch hier ist die Frage des Glaubenswechsels eine der Ursachen sowohl von staatlichen Repressionen als auch von Ausschreitungen. Und im bevölkerungsreichsten Land der Erde, der Volksrepublik China, gehören politische Repressionen und die Unterdrückung von Andersdenkenden zum Alltag, da der Staat die Kontrolle über das religiöse Leben seiner Bürger nicht aus der Hand geben will. Der römisch-katholischen Kirche ist es in China zum Beispiel nach wie vor nicht möglich, Bischöfe autonom einzusetzen. Ganz zu schweigen vom kommunistischen Nordkorea, wo ein stalinistisches Regime rücksichtslos gegen Christen vorgeht, sie in Arbeitslager und Gefängnisse sperrt, sie foltert und tötet. Seit Jahren steht Nordkorea auf dem unrühmlichen ersten Platz des Weltverfolgungsindexes von „Open Doors".

Allein dieser kurze Abriss zeigt ohne jeglichen Anspruch auf Vollständigkeit, dass die Situationen in den einzelnen Ländern sehr unterschiedlich und die Ursachen verschieden sind. Wahr ist aber leider: Die Christen sind die zurzeit am meisten verfolgte Religionsgruppe in der ganzen Welt. Warum? Das Christentum ist eine universale Religion. Überall auf der Erde leben Christen. Das Christentum wächst besonders dynamisch in den Ländern des Südens, in denen es häufig keine oder nur eine eingeschränkte Religionsfreiheit gibt. Gerade dort, wo die Religionsfreiheit bedrängt wird, wo die Freiheit des Einzelnen nicht so selbstverständlich ist wie in unserem Land, kommen die Menschen aber zum Glauben an Jesus Christus. Durch das Christentum erfahren sie, dass die Wahrheit sie frei machen wird (vgl. Johannes 8,31-32), dass der Mensch zur Freiheit berufen ist (vgl. Galater 5,13-14). Zur Freiheit berufen, aber nicht, um zu tun und zu lassen, was man will, sondern – und dies ist die andere Seite der Medaille – zur Liebe am Nächsten. Freiheit und Nächstenliebe. Das ist die zentrale Botschaft des Christentums. Dies spüren die Menschen

SUDAN

MAURETANIEN

IRAN PAKISTAN

AFGHANISTAN

ÄGYPTEN JEMEN BHUTAN

NORDKOREA

Christenverfolgung weltweit

SAUDI-ARABIEN

VIETNAM MALEDIVEN

SOMALIA TURKMENISTAN

LAOS

USBEKISTAN IRAK

ERITREA TSCHETSCHENIEN

NIGERIA (NORD)

basierend auf dem Weltverfolgungsindex 2012 von „Open Doors",

Platzierung 1-20

besonders dort, wo sie unterdrückt sind und in Unfreiheit leben müssen.

GERADE DORT, WO DIE RELIGIONSFREIHEIT BEDRÄNGT WIRD, WO DIE FREIHEIT DES EINZELNEN NICHT SO SELBSTVERSTÄNDLICH IST WIE IN UNSEREM LAND, KOMMEN DIE MENSCHEN ABER ZUM GLAUBEN AN JESUS CHRISTUS.

Und wovon das Herz voll ist, davon spricht der Mund. Für viele Christen ist das Reden über ihren Glauben jedoch gefährlich, manchmal sogar lebensgefährlich. Sie werden eingesperrt, weil sie anderen von ihrem Glauben erzählen oder weil sie in ihre Kirchen einladen. Insbesondere in vielen muslimischen Staaten ist das Missionieren verboten. Die Verkündigung der Frohen Botschaft wird als eine Abwerbung vom Islam angesehen und entsprechend verfolgt. Wenn ich auf meinen Reisen in muslimischen Ländern dieses Thema anspreche, erlebe ich leider immer wieder aufs Neue, dass an diesem Punkt ein wesentliches Element der Religionsfreiheit nicht verstanden bzw. unser Verständnis von Religionsfreiheit nicht geteilt wird. Zwar wird in der Regel anerkannt, dass jeder seinen Glauben frei leben können soll. Aber: Wer als Muslim geboren sei, habe immer als Muslim zu leben. Und anstatt die Freiheit der Religionsausübung, die Religionsfreiheit anzuerkennen, wird in der islamischen Welt von der „Freiheit der Religion“ gesprochen. Das mag für manche eine Spitzfindigkeit sein, der Unterschied ist jedoch fundamental. Mit dem Schutz der „Freiheit der Religion“ wollen Muslime den Islam und dessen Regeln schützen, die etwa das Übertreten vom Islam zu anderen Religionen nicht zulassen. Hier geht es nicht um die Religionsfreiheit jedes einzelnen Menschen, sondern um den Schutz einer Institution. Deshalb muss man klar und eindeutig entgegnen: Religionsfreiheit heißt auch: Der Mensch ist zur Freiheit berufen, seinen Glauben wechseln zu können, sich einer anderen Glaubensgemeinschaft anschließen zu können. Der Wechsel der Religion ist zuzulassen, wenn es das Gewissen verlangt; denn niemand darf in religiösen Dingen gezwungen werden, gegen sein Gewissen zu handeln. So formuliert es übrigens auch die Erklärung des Zweiten Vatikanischen Konzils über die Religionsfreiheit. Dieses zentrale Dokument war damals nach zähem Ringen für die katholische Kirche ein bedeutender Fortschritt – sowohl innerkirchlich als auch für das Verhältnis zu den anderen christlichen Konfessionen und Weltreligionen –, weil in ihm Glauben als ein umfassendes Freiheitsgeschehen verstanden und ganz entscheidend auf die Verbindung zwischen Religionsfreiheit und Gewissensfreiheit abgestellt wird.

Die eigentliche Herausforderung in der Debatte um die Religionsfreiheit liegt heute in der Zulassung des Religionswechsels. Dies ist vor allem in islamischen Staaten (aber bei Weitem nicht nur dort) ein großes Problem, weil Apostasie und Konversion vonseiten des Staates bestraft werden, staatliche Diskriminierung die Folge ist, die Betroffenen auch in ihrem persönlichen Lebensumfeld geächtet werden und mit Angriffen auf Leib und Leben rechnen müssen. Schreibt also die Verfassung oder das Gesetz eines Staates vor, dass ein Religionswechsel nicht möglich ist, dann gibt es in diesem Land keine Religionsfreiheit. Überhaupt sagt der Umgang mit der Freiheit der Religion viel darüber aus, wie eine Gesellschaft mit Andersdenkenden, Andersgläubigen, mit Minderheiten generell umgeht. Denn nur dort, wo jeder Einzelne seinen Glauben frei leben kann, ist auch die Gesellschaft wirklich frei. Da, wo religiöses Leben behindert wird, wo Bürger gehindert werden, ihre religiösen Rechte auszuüben und ihren religiösen Pflichten nachzukommen, wo

RELIGIONSFREIHEIT HEISST AUCH: DER MENSCH IST ZUR FREIHEIT BERUFEN, SEINEN GLAUBEN WECHSELN ZU KÖNNEN, SICH EINER ANDEREN GLAUBENSGEMEINSCHAFT ANSCHLIESSEN ZU KÖNNEN.

sie aufgrund ihres Glaubens diskriminiert werden, gibt es keine wirklich freie und friedliche Gesellschaft. Dabei ist die Garantie der Religionsfreiheit auch ein „Weg zum Frieden" (so Papst Benedikt XVI. in seiner Botschaft zum Weltfriedenstag am 1. Januar 2011) in der Welt und für das friedliche Zusammenleben in den Gesellschaften. Wer diesen engen Zusammenhang zwischen Freiheit und Frieden erkannt hat, kann sich nicht damit begnügen, Religionsfreiheit nur für uns zu proklamieren, sondern er wird dieses in der menschlichen Würde begründete Recht für alle Menschen fordern und einfordern.

So weit die grundlegenden Überlegungen. Aber was können wir tun? Und wie können wir den bedrängten und verfolgten Christen beistehen?

Zunächst einmal müssen wir feststellen, dass sich in dieser Hinsicht in unserem Land mittlerweile einiges getan hat. Lange Zeit wurde das Thema in Deutschland vernachlässigt. Nur wenige haben sich für das Schicksal von bedrängten und verfolgten Christen interessiert. Abseits der breiten Öffentlichkeit waren es wenige Menschen, etwa

NUR DORT, WO JEDER EINZELNE SEINEN GLAUBEN FREI LEBEN KANN, IST AUCH DIE GESELLSCHAFT WIRKLICH FREI.

in einzelnen Kirchengemeinden und in Freien Evangelischen Gemeinschaften, die sich für ihre verfolgten Brüder und Schwestern im Glauben eingesetzt haben. So hat etwa schon früh die Deutsche Evangelische Allianz dazu aufgerufen, einmal im Jahr an einem weltweiten Gebetstag für verfolgte Christen teilzunehmen. Mittlerweile hat hier eine Veränderung stattgefunden. Die Berichterstattung der Medien hat sich in diesem Punkt in den vergangenen Jahren verbessert. Sie berichten häufiger, ausführlicher und fundierter über eingeschränkte Religionsfreiheit, und sie scheuen sich auch nicht mehr, über das Leiden von Christen zu informieren. Auch in den beiden großen Kirchen hat das Thema mittlerweile die Aufmerksamkeit erfahren, die ihm zukommt. Es war ein wichtiges Signal, dass auf Beschluss der 10. Synode der EKD in Bremen im Jahr 2008 der zweite Sonntag in der Passionszeit (Reminiszere) zum Tag der bedrängten und verfolgten Christen erklärt wurde, an dem in den Gemeinden für die verfolgten Glaubensgeschwister gebetet wird. Ebenso hat sich die Deutsche Bischofskonferenz dem Thema neu zugewendet. Am 2. Weihnachtstag, dem Tag des heiligen Stephanus, des ersten

WIE KÖNNEN WIR DEN BEDRÄNGTEN UND VERFOLGTEN CHRISTEN BEISTEHEN?

Märtyrers der Christenheit, wird in der katholischen Kirche zunehmend verstärkt für die heute „um Jesu willen“ (vgl. Matthäus 5,11) bedrängten und verfolgten Christen Fürbitte gehalten.

Auch in der Politik, die sich des Themas viele Jahre nicht angenommen hat, hat ein Meinungswandel eingesetzt. Ohne an dieser Stelle Parteipolitik betreiben zu wollen, gehört es doch zur Wahrheit, dass es CDU und CSU waren, die das Thema Religionsfreiheit auf die politische Agenda gesetzt haben. Im Koalitionsvertrag aus dem Jahr 2009 heißt es dazu: „Kontinuierlich wird sich die Bundesregierung weltweit für Religionsfreiheit einsetzen und dabei ein besonderes Augenmerk auf die Lage christlicher Minderheiten legen.“ Ein von der christlich-liberalen Koalition in den Deutschen Bundestag eingebrachter Antrag zur Religionsfreiheit fand im Parlament im Dezember 2010 auch mit Stimmen aus der Opposition eine breite Mehrheit. Auf Reisen in entsprechende Länder und in Gesprächen mit Repräsentanten drängen wir auf die volle Verwirklichung der Religionsfreiheit und mahnen den Schutz von Christen an. So habe ich auf mehreren Reisen, zum Beispiel in die Türkei, nach Ägypten, Indonesien, Indien, China und Malaysia, die Religionsfreiheit als ein zentrales Menschenrecht und die besondere Lage der christlichen Minderheiten in politischen Gesprächen thematisiert und mich mit Vertretern der christlichen Kirchen getroffen. Außerdem bin ich – wie etwa in Indien – auch mit Menschen zusammengekommen, die am eigenen Leib Gewalt und religiösen Hass erleben mussten. Dabei erfahre ich immer wieder, dass solche Besuche für diese Menschen wichtige Zeichen sind, die ihnen Kraft und Hoffnung geben.

Es ist also wichtig, das Leiden von bedrängten und verfolgten Christen beim Namen zu nennen, ihnen in Fürbitte und Gebet solidarisch zur Seite zu stehen und Möglichkeiten der politischen Einflussnahme zu nutzen. Viel zu lange standen wir angesichts des Unrechts abseits, haben weggeschaut und gschwiegen.

Nun kann nicht jeder in Länder reisen, um Solidarität mit verfolgten Christen zu üben oder in politischen Gesprächen für Verbesserungen ihrer Lage zu werben. Als Christen sollten wir jedoch die Macht des Gebets nicht unterschätzen. Darüber hinaus ist es

ES IST WICHTIG, DAS LEIDEN VON BEDRÄNGTEN UND VERFOLGTEN CHRISTEN BEIM NAMEN ZU NENNEN, IHNEN IN FÜRBITTE UND GEBET SOLIDARISCH ZUR SEITE ZU STEHEN UND MÖGLICHKEITEN DER POLITISCHEN EINFLUSSNAHME ZU NUTZEN.

notwendig, auch in unserem eigenen Land darauf aufmerksam zu machen, wie schwierig die Lage für Christen in anderen Teilen der Erde ist. So können wir uns solidarisch zeigen, indem wir zum Beispiel koptische Kirchengemeinden, syrisch-orthodoxe oder griechisch-orthodoxe Kirchen hier in Deutschland besuchen oder gemeinsam mit ihnen Veranstaltungen organisieren. Damit können wir den Menschen, die mit uns in diesem Land leben, deutlich machen, dass wir sie wahrnehmen und dass uns ihr Schicksal und die Lage ihrer Glaubensbrüder und Glaubensschwestern in ihren Herkunftsländern wichtig sind. Das macht den Menschen Mut und zeigt ihnen: Ihr seid nicht allein. Ihr seid Teil der großen Gemeinschaft derer, die sich weltweit zu Jesus Christus bekennen. Es beeindruckt mich, immer wieder von Menschen zu lesen, wie sie sich auf der Ebene ihrer Gemeinde oder Kommune für bedrängte und verfolgte Christen einsetzen. Natürlich müssen wir dabei auch erkennen, dass wir leider nicht unmittelbar und direkt den Betroffenen in aller Welt helfen können. Wir können aber alles daran- setzen, durch möglichst zahlreiche Veröffentlichungen in den Medien, durch Gespräche und Veranstaltungen eine kritische Öffentlichkeit für dieses Thema zu schaffen. Ein wichtiger Beitrag geschieht auch dadurch, sich in konkreten Fällen für Christen in Not einzusetzen. Briefe und Unterschriftenaktionen an den Botschafter oder die Regierung des betreffenden Landes können deutlich machen, dass es uns nicht gleichgültig lässt, wenn ein Mensch, mit dem wir unseren gemeinsamen christlichen Glauben teilen, allein wegen seines Bekenntnisses zu Jesus Christus im Gefängnis sitzt, mit Folter oder dem Tod bedroht wird. Hier können wir Flagge zeigen und den Druck auf diese Staaten erhöhen, um hoffentlich die Situation bedrängter und verfolgter Christen zu verbessern.

Daher sollten wir in unseren Kirchengemeinden dieses Thema noch häufiger in Predigten und Vortragsveranstaltungen ansprechen und so die Stimme für die Menschen erheben, die Verfolgung erleiden. Wir sollten in Fürbitten und Gebet Solidarität mit bedrängten und verfolgten Christen in der ganzen Welt zeigen. Der Einsatz jedes Einzelnen ist wichtig und jedes persönliche Engagement mehr als willkommen. Ich bin überzeugt, dass dies nicht ohne Wirkung bleiben wird.

Im politischen Raum müssen wir alles daransetzen, dass es nicht zu Spannungen zwischen den Religionen kommt. Wir dürfen nicht zulassen, dass unterschiedliche Auffassungen von Religionen zum Gegenstand politischer Auseinandersetzungen gemacht werden. Daher sollten wir in der Diskussion über Religionsfreiheit auch immer klar und deutlich hervorheben, dass es hier nicht um einen religiösen Wahrheitsanspruch der einen oder anderen Religion geht. Es geht einzig und allein darum, dass jeder – sei er Christ, Muslim, Jude, Hindu, Buddhist – seinen Glauben frei und unbedrängt leben darf. Es geht um die Einhaltung dieses universellen Menschenrechts, wie es auch von den Vereinten Nationen in der Allgemeinen Erklärung der Menschenrechte festgehalten ist.

DER EINSATZ JEDES EINZELNEN IST WICHTIG UND JEDES PERSÖNLICHE ENGAGEMENT MEHR ALS WILLKOMMEN. ICH BIN ÜBERZEUGT, DASS DIES NICHT OHNE WIRKUNG BLEIBEN WIRD.

Schließlich: Die Freiheit der Religionsausübung muss jedermann zugestanden werden. Wer sich für Religionsfreiheit in aller Welt und für verfolgte Christen einsetzt, muss auch denen in unserem Land widersprechen, die verhindern wollen, dass Muslime Moscheen bauen. Der Einsatz für Religionsfreiheit ist unteilbar. Toleranz von anderen einzufordern, ohne sie selbst im eigenen Land überzeugt leben zu wollen, zeigt ein bloß taktisches Verständnis von Toleranz. Die Freiheit, die eigene Religion zu leben und auszuüben, muss sich dabei selbstverständlich im Rahmen der Vorgaben unseres Grundgesetzes und der geltenden Gesetze bewegen. Bei allen bekannten Problemen und Gefahren, die etwa von sogenannten Hasspredigern ausgehen, müssen wir doch sicherstellen, dass unser Land die gleiche Toleranz und Freiheit zur Religionsausübung bietet, die wir von anderen Ländern für die dortigen christlichen Minderheiten fordern. Ein solches Verständnis von Toleranz bedeutet im Übrigen nicht Beliebigkeit – auch wenn diese Lesart heute weit verbreitet sein mag. Es wäre ein Missverständnis. In Europa haben wir über Jahrhunderte gelernt, dass man in Fragen der letzten Dinge unterschiedlicher Meinung sein kann und sich dennoch achten und respektieren, sich schätzen und lieben kann. Häufig haben wir Christen dies in der Vergangenheit selbst nicht gelebt. Religionskriege, Kirchen- und Kulturkampf hatten Leid und Elend, Unrecht und Unfreiheit zur Folge. Daher können wir, gerade aus der Erfahrung unserer Geschichte,

WER SICH FÜR RELIGIONSFREIHEIT IN ALLER WELT UND FÜR VERFOLGTE CHRISTEN EINSETZT, MUSS AUCH DENEN IN UNSEREM LAND WIDERSPRECHEN, DIE VERHINDERN WOLLEN, DASS MUSLIME MOSCHEEN BAUEN.

heute deutlich und glaubwürdig die Botschaft vertreten, dass Frieden unter den verschiedenen Religionen und Menschen unterschiedlicher Herkunft möglich ist.

ZUM SCHLUSS

In einem Gottesdienst in meiner Heimat wurde kürzlich ein Text von Hannelore Jahr zitiert. Er handelt von der Freiheit – dem Thema, mit dem ich mich in dieser Zeit intensiv beschäftigt habe – und hat mich besonders angesprochen. Er soll daher zum Abschluss der Überlegungen und Gedanken in diesem Buch zum Wert der Freiheit stehen, sozusagen als Wegweisung für die Befreiten.

Du sollst frei sein, das ist die heimliche Überschrift, die über allen Geboten steht. Hört man sie mit, dann fangen die Gebote an, ganz neu zu uns zu sprechen:

Du sollst frei sein von all den Mächten, die sich zum Herrn über dich erheben wollen … Ich bin der Herr, der die ganze Welt regiert.

Du sollst frei sein von der Not, dich meiner Hilfe immer wieder angstvoll versichern zu müssen. ICH-BIN-DA ist mein Name, und das heißt: Ich will für dich da sein, wenn du mich brauchst.

Du sollst frei sein von dem Alltagsgeschäft, das dir die Luft zum Atmen zu nehmen droht. Ich schenke

dir die Ruhe, die du brauchst, um wieder zu dir zu finden und zu erkennen, dass du aus meinen Händen kommst und von mir gehalten bist.

Du sollst frei sein von der Unmündigkeit und ein Mensch werden, der verantwortlich ist und der die Sorge übernehmen kann für die Eltern, die nicht mehr selbst für sich sorgen können. Ich habe dich geschaffen, Liebe zu empfangen und Liebe zu geben.

Du sollst frei sein von dem Zwang, dein Leben gegen andere erkämpfen zu müssen und dabei selbst deine Menschlichkeit zu verlieren. Ich habe alles Leben geschaffen und ich will es schützen.

Du sollst frei sein von der Jagd nach immer neuem Glück, die dich doch nicht glücklich macht. Ich schenke dir die tragfähige Gemeinschaft mit einem Menschen, in der du Erfüllung findest.

Du sollst frei sein von dem Druck, dich auf Kosten anderer bereichern zu müssen, sei es, indem du sie ausnutzt, sei es, indem du sie um ihr Eigentum bringst. Ich will dir genug von allem geben.

Du sollst frei sein, die Wahrheit zu sagen, wann immer es nötig ist – ohne Rücksichtnahme auf Dinge, die keine Rücksichtnahme verdienen. Ich selbst bin die Wahrheit, und wahrhaftig sind die Menschen, die zu mir gehören.

Du sollst frei sein von der Eifersucht auf die Liebe, die anderen gilt. Ich schenke dir Liebe genug für dein ganzes Leben.

Du sollst frei sein von dem Neid auf das, was anderen gehört. Ich will dir schenken, was du zum Leben brauchst.

Hannelore Jahr

LITERATUR

Betz, Hans Dieter/Browning, Don S./Janowski, Bernd/Jüngel, Eberhard (Hrsg.): Religion in Geschichte und Gegenwart. Handwörterbuch für Theologie und Religionswissenschaft, 4. Aufl., Tübingen 2000.

Bonhoeffer, Dietrich: Dietrich Bonhoeffer Werke. Herausgegeben von Eberhard Bethge [et al.], Band 6: Ethik. Herausgegeben von Ilse Tödt, Heinz Eduard Tödt, Ernst Feil, Clifford Green, München 1992.

Bopp, Jörg: Die Erklärung über die Religionsfreiheit vom II. Vatikanischen Konzil, in: Zeitschrift für Evangelische Ethik 1967, 193-217.

Di Fabio, Udo: Die Kultur der Freiheit. München 2005.

Frère Roger: Im Heute Gottes leben. Herderbücherei Bd. 591, Freiburg im Breisgau 1976.

Herzog, Roman: Freiheit ist anstrengend: Fördern und Fordern. Grundsatzrede des Bundespräsidenten zur Bildungsreform am 5. November 1997 im Schauspielhaus am Gendarmenmarkt in Berlin, F.A.Z. vom 6.11.1997, Nr. 258, S. 9.

Jahr, Hannelore: „Du sollst frei sein …“, Deutsche Bibelgesellschaft, Stuttgart.

Kaiser, Gerhard: Die Wahrheit wird euch frei machen. Die Freiburger Universitätsdevise – ein Glaubenswort als Provokation der Wissenschaft, in: Ludwig Wenzler (Hrsg.): Welche Wahrheit braucht der Mensch? Wahrheit des Wissens, des Handelns, des Glaubens. Freiburg i.Br., Katholische Akademie, 2003 (Tagungsberichte der Katholischen Akademie der Erzdiözese Freiburg), S. 47-103.

Kauder, Volker: Der Beitrag der Politik für die Religionsfreiheit und gegen Christenverfolgung, in: Kuno Kallnbach/Helmut Matthies (Hrsg.): Bedrängt, verfolgt, getötet. Wenn es lebensgefährlich ist, Christ zu sein. Einblicke, Schicksale und Erfahrungsberichte. Gießen 2012.

Kauder, Volker: Wir müssen die Künstler schützen! Gastbeitrag für Spiegel Online, 11.05.2012, http://www.spiegel.de/politik/deutschland/volker-kauder-verteidigt-das-urheberrecht-a-832262.html

Kauder, Volker (Hrsg.): Verfolgte Christen – Einsatz für die Religionsfreiheit, Holzgerlingen 2012.

Kogler, Franz (Hrsg.): Herders Neues Bibellexikon. Redaktion Renate Egger-Wenzel und Michael Ernst, Freiburg im Breisgau 2008.

Luther, Martin: An den christlichen Adel deutscher Nation; Von der Freiheit eines Christenmenschen [u.a.]. mit einer kurzen Biographie und einem Nachwort. Hrsg. von Ernst Kähler, Stuttgart 1982.

Papst Benedikt XVI.: In Gott ist unsere Zukunft. Ansprachen & Predigten während seines Besuchs in Deutschland, Leipzig 2011.

Papst Johannes Paul II., Ansprache bei der Abschiedszeremonie am Brandenburger Tor in Berlin am 23. Juni 1996, Bulletin Nr. 55 vom 27. Juni 1996, S. 587ff.

Zollitsch, Robert: Weit mehr als wir für möglich halten. Ein Begleiter für die Fasten- und Osterzeit, Freiburg im Breisgau 2010.

Zweites Vatikanisches Ökumenisches Konzil: Erklärung über die Religionsfreiheit. Authentischer lateinischer Text der Acta Apostolicae Sedis. Deutsche Übersetzung im Auftrage der deutschen Bischöfe. Mit einer Einleitung von Prof. Dr. Dr. Ernst-Wolfgang Böckenförde, Münster 1968.